三國史話

赤壁真相×篡位內幕×人物平反，
史學大師呂思勉重新詮釋紛擾的東漢末年

呂思勉 —— 著

東漢末年，天下三分，千古風流人物輩出——
江山如畫，一時多少英雄豪傑！

奇詭壯麗的三國史 × 近代四大史學家之一
讓呂思勉筆下最易懂簡練的短文，
帶你神遊三國，遙想當年硝煙！

目 錄

目錄

楔子

斜陽古柳趙家莊，

負鼓盲翁正作場。

死後是非誰管得？

滿村聽說蔡中郎。

這是宋朝陸放翁先生的詩，所說的，便是現在的說書。說書雖然是口中的事，然到後來，將說書的人所用的底本，加以潤飾以供眾覽，就成為現在的平話了。平話俗稱小說，亦謂之閒書。雖然是用以消閒的，然而人們的知識得自此中的，實在不少。

現在中國的書籍，行銷最廣的，是《三國演義》。據書業中人說：他的銷數，年年是各種書籍中的第一。這部書有些地方，渲染得很有文學意味，如赤壁之戰前後便是；有些地方，卻全是質實的記事，簡直和正書差不多。這就顯見得其前身係說書的底本。說得多的地方，穿插改造得多了；說得少的地方，卻依然如故。

我在學校中教授歷史多年。當學校招考新生以及近年來會考時看過的歷史試卷不少。有些成績低劣的，真「不知漢祖唐宗，是哪一朝皇帝」。然而問及三國史事，卻很少荒謬絕倫的。這無疑是受《三國演義》的影響。他們未必個個人自己讀，然而這種知識，在社會上普遍了，人們得著的機會就多，遠較學校的教授和窗下的閱讀為有力。這可見通俗教育和社會關係的密切。

老先生們估量人們知識的深淺，往往以知道的、記得的事情多少為標準。講歷史，自然尤其是如此。但無意義的事實，知道了，記得了，有什麼用處呢？尤其是觀點誤謬的，知道了，記得了，不徒無益，而又有害。而且平心論之，也不能算知道史事。因為歷史上的事實，所傳的，總不過一個外形，有時連外形都靠不住，全靠我們根據事理去推測他、考證他、解釋他。觀點一誤，就如戴黃眼鏡的，看一切物皆黃，戴綠眼鏡的，看一切物皆綠了。我們在社會上，遇見一個人、一件事，明明是好的，卻誤把惡意猜測他，就會覺得處處可疑；明明是壞的，卻誤當他好的，也會覺得他誠實可靠。歷史上的事情，又何嘗不是如此？

　　從前論史的人，多說史事是前車之鑑。其意以為一件事辦好了，我們就當取以為法，摹仿他；一件事辦壞了，我們就當引以為戒，不可再蹈其覆轍。這話很易為人們所讚許，其實似是而非的。史事哪有真相同的？我們所謂相同，都不過察之不精，誤以不同為同罷了。事情既實不相同，如何能用同一的方法對付？別的事情姑弗論，在歐人東來之初，我們所以對付他的，何嘗不根據舊有的知識？所謂舊有的知識，何嘗不是從歷史經驗而來？其結果卻是如何呢？

　　真正硬摹仿古人的自然不多，就是事實也不容你如此。然而人的知識，總是他所知道的、記得的事情鑄造成功的。知道的、記得的事情一誤謬，其知識自然隨之而誤謬了。所以我們

現在研究歷史，倒還不重在知道的、記得的事情的多少，而尤重在矯正從前觀點的誤謬。矯正從前觀點的誤謬，自然是就人所熟悉的事情，加以講論，要容易明白些，有興味些。

三國時代，既然是人們所最熟悉的，就此加以講論，自然最為相宜。所以我想就這一段史事，略加說述，或者糾正從前的誤謬，或者陳述一些前人所忽略的事情。以我學問的荒疏，見解的淺陋，自不免為大方所笑，我只是一點拋磚引玉的意思，希望以後人們能注意到這一方面的漸多，亦希望人們就我所說的賜與教正。

宦官

　　講起三國的紛爭來，大家都知道其亂源起於後漢。後漢末年為什麼會亂呢？大家都知道其根源是靈帝的寵信十常侍，因此而政治紊亂，引起黃巾的造反。因黃巾的造反，而引起劉備和孫堅的起兵。又因靈帝死後，少帝即位，國舅何進要誅戮宦官，而引起董卓的進京。因董卓的進京，而引起廢立之事，又因此而引起袁紹、曹操等紛紛起兵討卓，天下就從此分裂了。然則後漢的禍源，最大的便是十常侍，這還是人謀之不臧。寫《三國演義》的人，說什麼「天下大勢，分久必合，合久必分」，好像有什麼定數似的，恐怕未必其然了。然則宦官究竟是怎樣一種人呢？歷來讀史的人，怕知道宦官之為害者多，知道宦官的來源者少。我不妨借此機會，和諸君談談。

　　所謂宦者，大家都知道是曾經閹割的人。近代的俗語，亦稱為太監。那是因為在明朝，他們所做的官，有二十四個，都稱為某某監之故，這是不難解的。然則何以又稱為宦者呢？在後漢時代，這一種人，威權很大，敗壞政治很利害，所以寫《後漢書》的人特地替這一班人做了一篇傳，名為〈宦者列傳〉，〈宦者列傳序〉裡說：「中興之初，宦者悉用閹人。」這句話，和我們通常的見解有些不符。通常的見解，都以為宦官就是閹人，現在卻說光武中興之後，宦官才全用閹人，那麼，自此以前，宦官就並非閹人了。所以有人疑心這「宦」字是錯的，說當作「內」字。然而他這句話，實在是錯的。

　　宦字的意思，本來並非指閹割。而宦官二字，亦本非指閹

割的人所做的官。

我們所謂五經，中間有一部喚做《禮記》。《禮記》的第一篇是〈曲禮〉，〈曲禮〉裡有一句：「宦學事師，非禮不親。」學就是進學校，宦是什麼呢？

須知道古代所謂學校，和現代全然不同。現代的學校，必須要傳授些知識技能，古代的學校則全無此事。古代的學校亦分為大學小學，所謂小學，只是教授一些傳統的做人道理以及日常生活間的禮節，如灑掃、應對進退之類。又或極粗淺的常識，如數目字和東西南北等名稱之類。根本說不上知識，更無實際應用的技能。

至於大學，其中頗有些高深的哲學，然而宗教的意味是很濃厚的。《禮記》裡又有一篇，喚做〈文王世子〉。〈文王世子〉說：當時大學中所教的，是詩、書、禮、樂。這並不是現在的《詩經》、《書經》、《禮記》等等。須知古代的人研究學問的很少，而古人的迷信，卻較後世人為深。當時的人對於一切問題的解釋，都含有迷信的意味。所以在後世，學術和宗教是分離的，在古代則是合一的。所以古代的學問只存於教會之中，而教育權也操在教會手裡。古代教會中非無較高深的學問，然總不能全脫離宗教的意味。至於實用的知識技能，則是他們所看輕的，學校裡並不傳授。所謂詩、書、禮、樂：禮即宗教中所行的禮，樂即宗教中所用的樂，詩就是樂的歌辭，書大約是宗教中的記錄。在古代，歷史和宗教中的經典，也是分不開的。

印度和西藏都是如此。古代學校中有所謂養老之禮，其儀式非常隆重。天子對於所養的老人，要自己割好了肉，捧著醬送去請他吃。吃了，還要自己斟酒，給他漱口，就因為他是一個宗教中的長老，與不帶迷信色彩的師長不同。《禮記》上還有一篇，喚做〈王制〉。〈王制〉裡有一句說：「出征執有罪，反釋奠於學。」釋奠是一種祭祀之名。發兵出去，打了勝仗，回來卻在學校裡去舉行祭禮，就可見古代學校不是一個學術機關，而其宗教意味極為濃厚了。古書上說學校制度的地方很多，不能全說它是子虛烏有，然而從沒見古書上記載一個人在學校裡學到了什麼知識技能，就是為此。

然則古人沒有應用的知識技能麼？不然。我們知道：所謂三代之世，已有較高度的文明，其時有許多事情，已非有專門知識技能不能辦，就是現在所傳的幾部先秦子書，其中包含專門的知識技能也頗多，不能說全是後人偽造的。然則古人的知識技能，從哪裡來的呢？這就是從宦之中得來。

古人解釋宦字，有的說是學，有的說是仕；的確，這二者就是一事。因為在古代，有些專門的知識技能，就是在辦理那件事的機關裡，且辦事且學習而得的，從其辦事的一方面說，就是仕；從其學習的一方面說，就是學。

讀者諸君，總還有讀過《論語》的，《論語》的〈先進篇〉有一段，說：「子路使子羔為費宰。子曰：『賊夫人之子。』子路曰：『有民人焉，有社稷焉。何必讀書，然後為學？』」子路再

魯莽些，也不會主張人不學就可以辦事。子路只是看重且辦事且練習，而反對不能直接應用的知識，和現在的人看重應用技術，而藐視高深學理一般。這就是重視宦而輕視學。漢時皇室的藏書，由劉向和他的兒子劉歆編成一部書目，謂之《七略》。班固《漢書》的〈藝文志〉，大部分就是抄錄他的。他對於每一類的書，都有推論這種學問從何發源及其得失的話。其論先秦諸子之學，都以為是出於一種官署，就是為此。然則宦就是在機關中學習做公務員。公務員中，自然有出類拔萃，有學術思想的，就根據經驗，漸漸地成立一種學術了。

話越說越遠了，這和後世所謂太監者何干呢？不錯，聽我道來。剛才所說的，只是宦的正格。譬如現在機關中正式辦理公務的公務員。現在機關中不有名為公務員，而實在無事可辦；或者只是替長官辦理私事的麼？在古代亦何嘗不是如此。所以秦始皇少年時，有一個人喚做嫪毐的，和他的母親姦通了，嫪毐自然鬧起來了，於是「諸客求宦為嫪毐舍人千餘人」。這句話，見於《史記》的〈呂不韋列傳〉裡。這所謂宦，哪裡是在什麼機關裡學習什麼公務？不過在他家裡做他的門客罷了，所以要稱為舍人。嫪毐的舍人固然極一時之盛，然而古代的貴族，絕不止嫪毐一個人有舍人。這種在貴族家裡做舍人的，都謂之為宦。所以「宦」字又有一個訓釋是「養」。「養」字可從兩方面解釋。他們是他們主人的食客，是他們的主人養活他的，所以謂之養。亦可以說：他們是以奉養他們的主人為職務的，所以謂之養。

此等門客，皇帝名下自然也是有的，這便是所謂宦官。中常侍即宦官之一。在前漢時，並不一定都用閹割過的人，到後漢光武帝之後，才專用此等人。所以《後漢書‧宦者列傳序》要說：中興之初，宦官悉用閹人了。

然則閹割的人是從哪裡來的呢？說到這裡，又有一件有趣味而且又有些意義的事情。諸位知道刑字是怎樣講的呢？在下發這個問，逆料諸位一定會說：刑字不過是懲罰的意思，所以把人拘禁起來，剝奪其自由，也是刑的一種。然而古代的刑字，卻不是這樣講的。在古代，必須用兵器傷害人的身體，使之成為不能恢復的創傷，然後可以謂之刑。

「十三經」裡，有一部書，喚做《周禮》。《周禮》全是記古代所設的官及各官的職守的。其體例，極似明清時的《會典》。須知《會典》原是依據《周禮》的體例編成的。不但《會典》的體例是摹仿《周禮》，就是隋唐以後的官制，其大綱也是摹仿《周禮》制定的。《周禮》有天、地、春、夏、秋、冬六官，後世就摹仿之而設吏、戶、禮、兵、刑、工六部。《周禮》的地官司徒，就是後世的戶部，是管理人民的。治理地方的官，都屬司徒管轄。他們都可以治理獄訟。獄便是現在所謂刑事，訟便是現在所謂民事。然而他們所用的懲罰，只能到拘禁和罰作苦工為止。如要用兵器傷害人的身體，那是要移交司寇辦理的，司寇便是後世的刑部，其長官稱為司寇，寇是外來的敵人。聽訟之官謂之士，其長官謂之士師，師字的意義是長，士師就是士

的長，士則本是戰士的意思。然則古代用兵器傷害人的肉體，使其蒙不可恢復的創傷，其根本，實在是從戰爭來的，不是施之俘虜，就是施之內奸。後來社會的矛盾漸漸深刻了，才有以此等懲罰施之於本族，用之於平時的。然而管理本族人民的機關裡，還是不能用。這一因其為習慣之所無，一亦因此等施刑的器具及其技術，本非治理本族的機關裡所有，所以非把他移交到別一種機關裡不可。把現在的事情比附起來，就是從司法機關移交軍法審判了。

　　古代有所謂五刑，都是傷害人的肉體的，便是墨、劓、荆、宮、大辟。墨是在臉上刺字；劓是割去鼻子；荆亦作臏，是截去足指；宮，男子是閹割，女子是把她關閉起來；大辟是殺頭，這是傷害人的生命的，和墨、劓、荆、宮又有不同，所以又稱為大刑。五刑對於男子，都是傷害身體的，獨宮刑對於女子不然，不過是拘禁。這亦傷害肉體之刑，原起於軍事，因為在軍事中，女子倘或做人俘虜，戰勝的人還要用來滿足性慾，所以不肯施以閹割，於是自古相傳閹割之刑，只對於男子有之。到後來，要將此刑施於女子，就只得代以不傷肉體的拘禁了。

　　傷害身體的刑罰，最初只施諸異族，或者內奸。所以較古的法子，是「公家不畜刑人，大夫不養」。這話亦見在《禮記·王制》上。因為俘虜原來是敵人，內奸是投降異族的，也和敵人一樣，怕他們報仇之故。到後來傷害身體的刑罰，漸漸地施

諸本族了，於是受過刑罰的人，其性質的可怕，就不如前此之甚，因此，就要使他們做些事情。《周禮》這一部書，從前有人說他是周公所作的，這是胡說。這部書所採取的，大概是東周以後的制度，時代較晚，所以受過各種刑罰的人，都有事情可做。而其中受過宮刑的人所做的事情是「守內」。因為古代的貴族，生怕他的妻妾和人家私通，所以在內室裡要用閹割過的人。

到後來，就有一種極下賤的人，雖未受過宮刑，而希望到貴族的內室裡去服役，就自行閹割，以為進身之階了。宮刑，當隋文帝時業已廢除。自此以後，做內監的人，都是自行閹割的。漢時雖還有宮刑，然據《後漢書‧宦者列傳序》裡說，當時的宦者，亦以自行閹割進身的為多。後漢時的宦官，即專用此種人。自此以後，宦官二字，遂成為此種人的專稱，失其本義了。

皇帝為什麼會相信宦官呢？在歷史上，有少數是因其性多疑忌，以為朝臣都要結黨營私；只有宦官，是關閉在宮裡，少和外人交接，結黨要難些；而且宦官是沒有家室的，營私之念也要淡些；所以相信他的。

然而這只是極少數。須知古來的皇帝，昏愚的多，賢明的少。這也並不是歷代的皇帝生來就昏愚。因為人的知識，總是從受教育得來的。這所謂教育，並非指狹義的學校中的教育，乃是指一切環境足以使我們受其影響的。如此說來，皇帝所受的教育，可謂特別壞。因為他終年關閉於深宮之中，尋常人所

接觸到、足以增益知識的事情，他都接觸不到。所以皇帝若是一個上知，也僅能成為中人；如其本係中人，就不免成為下駟了。

　　皇帝是一個最大的紈綺子弟，要知道皇帝的性質，只要就紈綺子弟加以觀察，就可以做推想的根基了。紈綺子弟不是有的不肯和上等人交接，而專喜和奴僕攀談，且專聽奴僕的話麼？這是因為他們的知識，只夠聽奴僕的話，而且只有奴僕，本無身分，亦無骨氣，所以肯傾身奉承他們。歷代皇帝的喜歡宦官，其原因亦不過如此。但是有等人，因其所處地位的重要，其所做的事，往往會闖出大亂子來。譬如在前清末年，慈禧太后和光緒皇帝不和，這種情況若在民間，也闖不出多大的亂子。母子不和之事，我們在社會上亦是時時看到的。然在皇室之中，就因此而釀成「戊戌政變」、「庚子拳亂」種種關係大局之事了。歷代皇帝喜歡宦官，所以釀成大患，其原理亦不外此。

外戚

　　宦官是後漢的亂源，這是個個人都知道的了，卻不知道後漢還有一個亂源，那便是所謂外戚。什麼叫做外戚呢？外戚便是皇帝的親戚，俗話謂之國戚。其實這是不通的。皇帝是皇帝，國家是國家，如何好併做一談呢？但是君主專制時代的人，對於這個區別是不甚清楚的。所以皇帝的舅舅，就喚做國舅。

　　讀者諸君，不還記得《三國演義》上，有「何國舅謀誅宦豎」一回麼？何國舅便是何進。他是後漢少帝的舅舅，少帝名辯，是靈帝的兒子，正宮皇后何氏所生。靈帝不喜歡他，而喜歡後宮美人王氏所生的兒子，名喚協。不立正宮皇后的兒子做太子，卻立後宮美人的兒子，在君主時代喚做「廢嫡立庶」，是違反習慣的，不免引起朝臣的諫阻，招致全國的批評，所以靈帝遲遲未能舉行。後來卻一病死了。

　　據歷史上說：靈帝是把後事囑託宦者蹇碩，叫他擁立協做皇帝的。當靈帝死的前一年，曾設立八個校尉。校尉是漢朝直接帶兵最高的官，就像現在的師長一般。凡校尉手下，都是有兵的。再高於校尉的將軍，卻像現在的軍長一般，手下不一定有兵了。當時設立八校尉，其中第一個便是蹇碩。其餘七個校尉，袁紹、曹操，還有後來屬於袁紹、烏巢劫糧時為曹操所殺的淳于瓊，都在其中。歷史上說其餘七校尉，都統於蹇碩。大約蹇碩是八校尉中的首席。以一校尉而兼統七校尉，其實權就像將軍一般，不過沒有將軍的名目罷了。大概因為他是宦官，

不好加他以將軍的稱號罷。然而其實權的不小，卻可想見了。當時到底是靈帝因為他有兵權，把廢嫡立庶的事囑託他？還是他因兵權在手，生出野心，想要廢嫡立庶，詐稱有靈帝遺命？我們現在也無從斷定。

　　須知歷史上這類不知真相、難以斷定的事實，正多著呢。靈帝未曾廢嫡立庶，靈帝死後，一個宦官卻出來幹這件事，無論其立心如何，在法律上總是毫無根據的，非靠實力不能解決。蹇碩雖是八校尉的首席，其餘七校尉未必肯聽他的命令。而且八校尉只是新設的兵。在京城裡還有舊有的兵呢。舊有的兵屬誰？那何進在名義上是大將軍，一切兵都該聽他的調遣的。漢朝離封建時代近，大家都有尊重貴族之心。國舅是貴族，容易得人擁護。宦者卻是刑餘賤人，大家瞧不起的，無人肯聽他的命令。所以蹇碩在當時，要廢辯而立協，名義上既覺得不順，實力上，倘使為堂堂正正的爭鬥，亦絕不能與何進敵，只有運用手段，把何進騙進宮裡去殺掉之一法。在宮外是大將軍的勢力大，在宮內卻是宦官的勢力大，宮禁是皇帝所在，攻皇宮就有造反的嫌疑，這件事無人敢輕易做。蹇碩在當時，倘使真能把何進騙進宮殺掉，他的希望，倒也或許可以達到，至少是暫時可以達到的。苦於何進也知道他的陰謀，不肯進宮，蹇碩無法，只得聽憑辯即皇帝位。此即所謂少帝。蹇碩既未能廢立，就不過是一個宦者，他手下的兵，是既不足以作亂，也不能擁以自固的，就給何進拿下監，治以死罪。

　　當後漢時，宦官作威作福，天下的人民恨極了。當時的士大夫也都痛恨他。這時候，要誅戮宦官的空氣，自然極其濃厚。何進便想把專權得寵的宦官，一概除盡。然而宦官和太后是接近的，天天向太后訴苦。女人家的耳根是軟的。聽了他們的話，就不肯聽從何進的主張。何進無法，乃想調外邊的兵進京來威嚇太后。這樣一來，宦官知道事機危急，乃詐傳太后的詔旨，叫何進入宮。何進想不到這時候的宮內還會有變故，輕率進去，竟給宦官殺掉。宦官此等舉動，不知道是以為無人敢犯皇宮呢？還是急不暇擇，並未考慮？總之，在此種情勢之下，還要希望人家不敢侵犯皇宮，就沒有這回事了。這時候，袁紹的堂兄弟袁術，正受何進之命，選了兩百個兵，要去代宦官守衛宮禁。聽得這個消息，就去火燒宮門，攻擊宦官，宦官如何能抵敵？只得挾持少帝，逃到黃河邊上的小平津。有的為追兵所殺，有的自己投河而死在京城裡。那袁紹此時，正做司隸校尉，是京城裡管緝捕督察的官，把他（們）盡數搜殺。

　　宦官到此，算（被）一網打盡，然而西涼將董卓，亦因應何進之召，適於此時入京。西涼的兵是強的。董卓又是個粗暴的人，敢於妄作妄為。進京之後，便專擅朝權。把少帝廢掉，而立協為皇帝，這個就是漢獻帝。於是袁紹逃到東方。東方的州郡，紛紛起兵，討伐董卓。董卓就把洛陽燒毀掉，逃到西京長安。東方起兵的人，並無意於討伐董卓，各自占據地盤，互相爭奪，天下就從此分裂了。

追源禍始，宦官固然不好，外戚也不是好東西。因為外戚不好，後漢的皇帝總和宦官合謀誅戮他，宦官因此才得專權，而和外戚亦遂成為不兩立之勢。積聚了許多次的衝突，最後一次，到底撞出很大的亂子來，其事就不可收拾了。所以外戚也不能不算是後漢的一個亂源。然則外戚到底是什麼東西呢？

　　我們現在，親戚二字是指異姓而言，古代卻不然。戚字只是親字的意思。凡是和我們有血統上的關係的，都謂之戚。我們的血統是有父母兩方面的。父親的父母和母親的父母，父親的兄弟姊妹和母親的兄弟姊妹，和我們的關係，正是一樣，夫妻之間，妻對於夫之父母，和夫對於妻之父母，其關係也是一樣的。但是從父系家庭成立以來，父親一方面的親屬和我們是一家人，母親一方面的親屬卻是兩家人。夫妻之間，妻是住在夫的家庭之內的，夫的家就是妻的家，妻的家卻不是夫的家。凡在家庭團體以外的人，古人都於其稱謂之上，加一個外字，以示區別。所以母親的家庭，稱為外家。母親的父母親，稱為外祖父母。妻稱夫的父母為舅姑，夫卻稱妻之父母為外舅外姑。外戚二字，正是一個意義，就是指不是一家的親屬。單用一個戚字，或用親戚兩字，則是指一個家族以內的親屬的。

　　古人對於血統有關係的人，親情特別厚，後世的人卻淡薄了。世人都說：這是古代的人情厚，後世的人情薄。其實不然。親密的感情，是從共同生活而來的。所謂生活的共同，並不限於財產相共。凡一切事實上的關係都是。如幾個人共同經營一

件事業，共同研究一種學問，都是生活有關係。所以現在同事或同學之間，感情會特別親厚。人類的團體，其範圍是愈擴愈大的。所以愈擴愈大，則其根源是經濟上的分工合作。譬如現在，上海木匠所用的材料，或者是江西、湖南等省販來的，或者是外國販來的。如此，上海的木材行，就不能不和江西、湖南等省的人有關係，甚而至於不能不和外國人有關係。各省或各國的人都可以做起同事來。既利害相同，又時時互相接觸，彼此之間，自然容易互相了解，而其感情自然也易於濃厚了。這是舉一事為例，其餘一切都是如此的。古人則不然。其時交通不便，這一個部族和那一個部族，往往不相往來。事實上有關係和互相接觸的，都限於部族以內。親厚的感情，自然也限於部族以內了。古代同部族之中，大抵是血緣有關係的人。後人不知道其感情的親厚，由於當時人的生活局促於部族之內，誤以為血緣有關係的人，其感情自然會特別親厚。遂以為血緣有關係的人，其間另有一種天性存在，這真是倒果為因。假如血緣有關係的人，其間自然而然會有一種天性存在，那麼，把小孩從小送入育嬰堂裡，為什麼長大後，不會自然認得其父母呢？所以現在倫理上所謂天性，無不是事實所造成，根本沒有一件是生來就有的性質。讀者諸君一定要駁我，說別種性質都可以說是事實造成的，母愛怕不能這麼說罷？不然，最初的人類如何能綿延到如今呢？當時是沒有所謂社會習染的，最初的母親，如何會自動撫育其子女呢？要問這句話，只要請你就動

物試驗試驗。假如你家裡有雌貓，當牠生小貓的時候，你試把牠自己所生的取掉，換幾隻別一隻貓所生的小貓給牠，牠一樣會把乳給牠吃的。可見母貓的哺乳小貓，只是滿足牠自己的哺乳欲，哺乳欲是並不限於自己所生的幼兒的。人類遠古的母親怕也是如此。以當時人類能力的薄弱，倘使各個母親都只肯撫育自己所生的子女，那怕人類真不會綿延至於今日了。然而人類這一類倒果為因的誤解，是非常之多的。既誤以為血緣相近的人，其間有一種特別的天性，就以為血緣相親近的人，在倫理上應當特別親厚，於是有國有家的人，也就要特別任用自己的親戚了。

親戚分為兩種：一種是父系時代自己家裡的人，後世謂之宗室。一種是母親家裡或者妻子家裡的人，後世謂之外戚。

倫理上的訓條只是一句空話。到實際上的利害和倫理上的訓條相衝突的時候，普通人是不會遵守訓條、不顧利害的。所以古人誤以為宗室外戚和自己特別親厚，而把他們封了許多國，到後來，其衝突就起於宗室和外戚之間。因為併吞人家的國，利益就大，也就顧不得什麼一家不一家，親戚不親戚。試看東周列國，互相吞併，其間哪一國不有同姓或者婚姻的關係呢？然而直到漢朝，人心還沒有覺悟。漢高祖得了天下，就把子弟及同姓分封了許多在外邊，而朝內之事，則專一付託呂后。諸位讀過《兩漢演義》麼？韓信、彭越是何等樣厲害的人？為什麼都會給呂后殺掉？這不是漢高祖自己在外面跑，把京城

裡一切政治都交付給呂后，才會這樣麼？倘使呂后亦像別一朝太平時代的皇后，專門坐在宮裡，不管外事，能夠忽然跳起來殺掉這兩個人麼？可知後來呂后的臨朝稱制，事非偶然了。

　　一種不適宜的制度，人類是非經過長久的經驗，不會覺悟的。把宗室封建於外，後來要互相攻擊，甚而至於對天朝造反，這是從封建時代就積有很長久的經驗的。所以秦始皇併吞六國之後，已不肯再封建子弟。漢高祖雖不行其法，到景帝時吳楚七國造反之後，也就覺悟其制度之不可行，把所封的王國，地方都削小，政權也都奪去了。至於外戚秉政，足以貽禍，則其經驗較淺。因為古代等級森嚴，諸侯是要和諸侯結婚的，和自己國內的大夫結婚，是個例外。所以古代國內，甚少外戚，自然不會撞出多少禍事來。所以在漢代，前漢為外戚王氏所篡，後漢還是任用外戚。所用的外戚，沒一個有好結果，然而一個外戚去，一個外戚又來。正和辛亥革命以前，一個皇帝被打倒，又立一個皇帝一樣。當一種制度的命運未至滅亡的時節，雖有弊病，人總只怪身居其位的人不好，而不怪到這制度不好。譬如我們現在，天天罵著奸商，卻沒有人攻擊商業制度一樣。

黃巾

　　後漢的亂源，還有一個「黃巾賊」。「黃巾賊」的事跡，料來諸位都知道的了，用不著在下來談。在下卻想藉這機會和諸位談一談道教。

　　大家不都知道，在江西的龍虎山上，有一個張天師麼？這天師的稱號，從何而來？據《魏書·釋老志》說，是這樣的：當魏世祖時，有道士寇謙之，少修張魯之術，後來太上老君下凡，授以天師之位，據太上老君說：自從天師張陵去世，地上久已無修善之人。因為寇謙之為人好，修道誠，所以特將此位授給他的。然則張陵是第一位天師了。張陵是誰？便是三國時代割據漢中的張魯的祖父。

　　據《三國志》說，張陵是在四川的鵠鳴山中學道的。要學他的道的人，都要出五斗米，所以時人稱為「米賊」。張陵的道，傳給他的兒子張衡，張衡又傳給他的兒子張魯，然而《後漢書·靈帝紀》說：中平元年（公元一八四年）七月，巴郡妖巫張修反。注引劉艾說：張修替人治病，病好的給他五斗米，號為五斗米師。《三國志·張魯傳》注引魏文帝所作的《典略》也說：靈帝時妖賊大起。在現在陝西省城一帶，就是漢朝人所稱為三輔的地方，有駱曜。在東方有張角。在漢中有張修。張修之道，稱為五斗米道。並沒有說起什麼張陵和張衡。張修和張魯都是益州牧劉焉手下的軍官，劉焉差他倆去奪取漢中的。既得漢中之後，張魯又將張修殺卻，而並其眾。《典略》說五斗米道，本起於張修，張魯在漢中，因百姓相信張修的道，把他增加修飾的。

倘使張魯之道，真係受之於其父祖，則三代相傳，歷時不為不久，為什麼魏文帝和他是同時代人，絕不提及其父祖？而且張魯是江蘇豐縣人。魏文帝說五斗米道和張角的太平道，大略相同，張角是鉅鹿人，鉅鹿是現在河北的寧晉縣；還有被孫策殺掉的于吉，是琅邪人，琅邪是現在山東的諸城縣；其地亦都在東方，為什麼五斗米道獨出於四川？江蘇人跑到四川去傳道，固然不是沒有的事，為什麼其道在四川又並無影響呢？《三國志》和《後漢書》的〈劉焉傳〉都說張魯的母親是懂得鬼道的，因此在劉焉家中進出，亦不說她的鬼道和她的丈夫張衡、公公張陵有何關係。

然則張陵到底是怎樣一個人物，殊不可知。似乎張魯既據漢中之後，因人民信奉五斗米道，不能不行，而又不願意承認此道出於其仇敵張修；五斗米道既為人民所尊奉，把來裝在自己的祖父和父親身上，至少在當時的環境裡是光榮的；而且三代相傳，則根柢深厚，又可以引起人民信仰之心；於是妄言其道出於父祖。然則張陵到底是怎樣一個人物，殊不可知，而後世自稱為他子孫的人，居然代代以天師自居；歷代的政府，也居然多加以天師、真人等封號。倘使張陵有知，怕也要覺得出於意外罷？

替人治病，使人思過，給他符水吃，這是張修和張角相同的。就是于吉，也用符水替人治病的。然而他們的行徑，也有大不相同的地方。

張角是要煽動人民造反，奪取天下的。他分遣弟子八人，傳道於四方。據《後漢書・皇甫嵩傳》說，相信他的人，青、徐、幽、冀、荊、揚、兗、豫八州都有。後漢時這八州，要包括現在江蘇、安徽、江西、湖南、湖北、山東、河南、河北八省。他的信徒有幾十萬人。他把他們部署為三十六方。大方萬餘人，小方六七千。一朝事洩，他一個命令傳出去，這些信徒就同時並起了。他又謠言：「蒼天已死，黃天當立。」這句話，《三國演義》上有，《後漢書》上也是有的。諸位讀了，一定要覺得奇怪，怎麼天會得死呢？也不過以為草寇的說話，是不通的，不求甚解，一笑便置之罷了。其實不然。搖惑人為的話，也是要人家懂得的。倘使沒有人懂，還造作他做什麼？就使造的人不通，這話又何能風行呢？

須知古人的見解，和今人不同。今人說天子，只是一句空話。古人說天子，則真當他是天的兒子的。這種思想起源很早。到漢朝時候，其迷信還未盡破除。諸位大概都知道漢高祖斬蛇起義這句話。這件事《史記》、《漢書》上是這樣說的：漢高祖夜行，前有白蛇當道，漢高祖拔劍斬之，高祖走過之後，又有人走過這地方，見有老嫗夜哭。問她為什麼事情。她說：我的兒子被人家殺了。過路的人問她：你的兒子是什麼人？給什麼人殺掉？她說：我的兒子是白帝的兒子，現在給赤帝的兒子殺掉了。過路的人聽她這話奇怪，覺得她不老實，正要給她些苦頭吃，她卻忽然不見了。這話自然是假造的。然而為什麼要

造這段話？就可見得當時的人有此思想，造出來足以搖惑人心了。什麼叫做赤帝、白帝呢？這正和張角所說的蒼天、黃天，是一個道理。把天和地當作整個的，天上只有一個總的天神，地下也只有一個總的地神，這是業經進化後的宗教思想，古人卻不是這樣。

古人所祭的地，只是自己所居住、所耕種的一片土地。這便是現在的社祭。所祭的天，也只是代表一種生物的功用。農作物是靠著四時氣候的變化，才能夠生長成熟的。古人看了這種變化，以為都有一個天神在暗中主持著，所以有青、赤、白、黑四個天帝，青帝主春生，赤帝主夏長，白帝主秋收，黑帝主冬藏。春生、夏長、秋收、冬藏，都是要靠土地的，所以又有一個黃帝，以主土地的隨時變化。古人又很早就有五行的思想，把物質分成五類，那便是水、火、木、金、土。把五行來配五方和四時，則木在東方，屬春；火在南方，屬夏；金在西方，屬秋；水在北方，屬冬。這大約因春天草木生長；夏天炎熱，火的性質也熱；秋天草木都死了，其性質為肅殺，而金屬是做兵器的；冬天寒冷，水亦是寒冷的，所以如此配合。至於土，則古人每以自己住居的地方為中心，自然只好位置之於中央；其次序，自然在木火和金水之間了。

古人認為天上的五帝，是應該依著次序來管理人間之事的。為天下之主的，必須是天帝的兒子。所以朝代的更換，便是這一個天帝的子孫，讓位給那一個天帝的子孫。這就是所

謂「五德終始」。所以我們看古史，往往說某一個帝王是以某德王，如以木德王、以火德王之類。五德終始又有兩種說法：一種是依相剋的次序，木德之後該金德，金德之後該火德，火德之後該水德，水德之後該土德，土德之後又該木德的。一種是依相生的次序，木德之後該火德，火德之後該土德，土德之後該金德，金德之後該水德，水德之後又該木德的。在秦朝和西漢的前半期，是依著相剋的次序。所以秦朝以周朝為火德，自己為水德，漢朝又自以為土德。到西漢的末年，卻改用相生之說了，於是以周朝為木德，自己為火德，而把秦朝去掉不算。後來魏文帝代漢，又自以為是土德。

張角說什麼蒼天、黃天，自然也是想做皇帝的，不過依相剋的次序，應該說黑天已死，黃天當立；依相生的次序，應該說赤天已死，黃天當立；總不該說蒼天已死，黃天當立。不知道是張角另有說法呢，還是做歷史的人弄錯了一個字？不過他說到這一類的話，其有取漢朝而代之之心總是顯而易見的了。所以我說：張角是要煽動人民造反，奪取天下的。

至於張修，則其規模大不相同。據《三國志》和注引魏文帝《典略》說：他隔了若干里，就設立一個義舍，以便行人歇宿。又把米和肉置於其中謂之義米肉。過路的人都可以按照自己的量吃飽。但是不能多取的，多取的鬼會罰他。他又禁酒。春夏則禁殺生。有小罪的人罰他修路一百步。如此，人民的經濟，頗可因之而寬餘。

張魯據漢中，亦有二十餘年，始終未曾出兵爭奪別的地方。後來曹操去伐他，他的意思還不願抗拒。可見其宗旨只要保守一地方，與民相安。

　　于吉又和張修、張魯不同。張魯雖無意於爭奪天下，擴充地盤，畢竟還帶過兵，打過仗。張修並還造過反。至於于吉，則大約是個文人，所以《三國志‧孫策傳》注引《江表傳》說：他在現在的蘇州，設立精舍，這精舍乃是漢人讀書講學之處。他的被殺，《江表傳》和注所引的《搜神記》，說法亦有不同。《江表傳》說：孫策在城樓上聚會諸將賓客，于吉從樓下走過，諸將賓客有三分之二都下樓迎拜他。孫策大怒，說他搖惑眾心，使自己手下之人失掉君臣之禮，就把他捉起來。信奉于吉的人，都使家中的婦女去見孫策的母親，替他求情。諸將又連名請求孫策，要替他保全他性命。孫策不聽，竟把他殺了。《搜神記》說：孫策要乘虛襲擊許昌，帶著于吉同行，時適大旱，舟行困難。孫策一清早就自出督促。將吏卻多在于吉處，不能依時聚集。孫策大怒，說他敗壞部伍，就把他綁在地上曬，叫他求雨，說午時以前得雨就赦他。果然大雨傾盆，大家以為孫策要赦他了，孫策卻竟把他殺掉。這兩說誰真誰假，連寫《三國志注》的裴松之，也不能決斷。依我看來，都未必確實。因為《江表傳》說：諸將替他求情時，孫策說，你們不要信他。從前有個交州刺史（交州是現在的越南地方，在唐以前，也是中國的郡縣）張津，就是相信這般邪道的，後來到底為外夷所殺。據裴松

之說：張津確是死在于吉之後的，就可見得《江表傳》的不確。至於《搜神記》說孫策要襲擊許都，依我看來，根本沒這一回事。這話另有一段考據，只好將來再談。現在假定我的說法是正確的，《搜神記》的話也是靠不住的了。但《江表傳》和《搜神記》，畢竟是離于吉年代不遠的人所作。他們想像中，以為于吉是怎樣一個人，畢竟不會錯的，據他們的想像，則于吉是一個術士，或者也可以說是一個江湖醫生。他至多只能以幕友的資格隨軍，絕不能帶兵打仗的。看孫策手下的諸將賓客如此信奉他，可見他專和闊人來往。和張角、張修、張魯等，專在小百姓面上做工夫的，又有不同。

須知宗教是有這三種：一種是在小百姓面上做工夫，而想煽動了他們，以圖大事的，如近代洪秀全所創的上帝教便是。一種亦是在小百姓面上做工夫，確有些勸人為善的意思的。如波斯的摩尼教，在唐朝時候曾經輸入中國。後來被唐武宗禁止了，然而到宋朝時候，人民仍有信奉他的。其教徒都不吃肉，而且還要互相救濟，所以多有致富的，能維持一部分人的信仰。還有一種，則是專和上、中流社會中人交接的。如在距今十餘年以前，風行一時的同善社就是。這三件年代比較近的事，恰好和漢末的張角、張魯、于吉做一個比喻。

這種宗教，因其教理大都淺陋；而且既是宗教，總不免有些迷信的地方。迷信這件事，是在本團體以內便被視為神聖，在本團體以外就會被視為邪道的。再加張角一類人，藉此煽動

人民以圖大事，就更被一般人所痛惡，要目為邪教；而政府也要加以禁止了。然第三種不過可鄙，並不會有什麼大害。第二種可以說是有些益處的，只有第一種危險些。然而第一種的危險，實由於社會的不安，和宗教的本身並無多大關係。《後漢書·楊震傳》說：他的孫兒楊賜，在靈帝時位居司徒，曾上疏說張角所煽惑的全是流民。這件事，但懲治張角，是無用的。要令各地方的官吏把流民都送還本鄉。然後把太平道的頭目懲治幾個，其事就不勞而定了。可見得張角的能夠發動人民，全由於社會的不安。宗教的本身並無多大力量。

還有，後世所謂道教，其根源，分明是出於張角、張修、張魯、于吉一班人的，和老子毫無相干，他們卻都奉老子為始祖。因為老子這一派學問，古代稱為道家，他們的教就稱為道教；而且竟有稱佛道為釋老的，如《魏書》的〈釋老志〉便是，這又是什麼道理呢？我說：這是因黃帝而牽及老子的。據《後漢書》說，張角所奉的道，稱為黃老道，而《典略》說張修在漢中，並不置官吏，但令教中的祭酒治理百姓，祭酒要將老子的五千言教人學習。老子的五千言和張修之道有何關係，而要使人學習呢？原來秦漢時的方士，就是教秦始皇、漢武帝派人到海外去尋神仙、煉合丹藥服之以求不死的，都依附於黃帝。黃帝是沒有書的，老子卻有五千言。黃老在秦漢時代是並稱的。張角、張修、張魯、于吉等的道術，本來和方士有相當的關係，就因黃帝而牽及老子，把老子的書來使人誦習了。反正是

當他咒語唸，管什麼意義合不合，唸的人懂不懂呢？而老子，
就這麼糊裡糊塗地被人牽去，作為他們教中的始祖了。倘使老
子地下有知，怕更要莫名其妙罷？

歷史和文學

　　講《三國志》，大家所最喜歡聽的是戰事。我現在說了許多話，一點戰事也沒有提到，讀者諸君一定要不耐煩了。且慢！戰事是可以講的，《三國演義》式的戰事，卻不能講，因為這根本是文學，不是歷史。文學固然有文學的趣味，歷史也有歷史的趣味。

　　充滿了離奇變幻的情節，使人聽了拍案驚奇，這是文學的趣味，但意義實在是淺薄的。因為文學是刺激感情的東西，要求感情滿足，其勢不能使人多用心。所以演義一類的書，所說的軍謀和外交手段等，看似離奇變幻，神出鬼沒，要是我們真肯用心，憑著事理想一想，就知道他所說的話，都極幼稚，只好騙小孩子罷了。

　　講歷史卻不然。歷史上的事情，都是真實的。其中如軍謀和外交問題等，關係何等重大！應付這些問題的人，各方面都要顧到。而他們當日的環境，就是他們四面八方的情形，十分裡倒有八九分是我們現在不知道的。那麼，他們當日應付的手段，我們如何會了解？更何從批評其得失呢？

　　俗話說：「旁觀者清，當局者迷。」這句話，只是旁觀者不負責任之辭，並不是真理。因為當局者的環境，旁觀者總不能盡知。假如一個人對付一個問題要顧到三方面，而旁觀者只知道兩方面，那從旁觀者看起來，這個問題自然要好對付得多。在當局者，還要多顧全一方面，旁觀者所主張的辦法，他就絕不能採用。在旁觀者看來，他的手段就很不高明，而要說他是

一個迷者了。其實何嘗是如此呢？讀史的所以難，解釋古事、批評古人的所以不可輕易，其原因就在乎此。

　　然則史事根本無從說起了，還會有什麼趣味呢？不，聽我道來。古人的環境我們固然不能全知道，也不會全不知道，因而古人所做的事情，我們絕不能全了解，也不至於全不了解。所以解釋古事、批評古人，也不是絕對不可以，不過要很謹慎，限於可能的範圍以內罷了。謹守著這個範圍，我們能說的話，實在很少。然在這些少的話中，卻多少見得一點事實的真相。其意義，要比演義等假設之以滿足人的感情的，深長得多。滿足感情固然是一種快樂，了解事實的真相，以滿足求知的欲望，又何嘗不是一種快樂？所以有史學天才的人，聽了我的話，固然不會比聽《三國演義》乏味，就是通常人聽了我的話，也不一定會覺得乏味的。因為歷史上有許多問題，原是普通的問題，人人能夠了解的，學問的能夠通俗化，其原因就在於此。

後漢的地理

現在要說三國時的戰事了，卻還要請諸位耐煩一些，聽一聽東漢時地理的情形。東漢的行政區劃是分為十三個州，十二個州各有一個刺史，又有一個州，則是屬於司隸校尉的。把現在的地方說起來，則

幽州：包括河北省的北部和熱河（注：舊省名，今遼寧省西部，河北省東北部）、遼寧兩省，還包括朝鮮半島的北部。因為朝鮮在漢時，也是中國的郡縣。

冀州：河北省的南部。

并州：山西省的大部分、陝西省的北部和察哈爾（注：舊省名，併入今河北、山西）、綏遠（注：舊省名，併入今內蒙古自治區）兩省的一部分。

涼州：大略是現在的甘肅和寧夏兩省。

青州：山東省的東北部。

兗州：山東省的西部和河南省的東北部。

豫州：河南省的東南部和安徽的江北。

徐州：山東的東南部和江蘇的江北。

揚州：江蘇、安徽的江南及江西、浙江、福建三省。

荊州：河南的西南部和湖南、湖北兩省。

益州：陝西省的南部和四川、雲南兩省。

交州：廣東、廣西兩省，還包括現在的越南。因為越南在漢時，也是中國的郡縣。

司隸校尉：管轄河南省的西北部、山西省的西南部、陝西省的中部。

漢朝的行政區劃，下級的是縣。這和後世的情形是一樣的，是官治的最下級。自此以下，就只有自治的機關，而沒有官治的機關了。上級的是郡。郡的幅員，在中原繁盛之地，和前清時代的府差不多。縣的長官，戶口多的稱為令，少的稱為長；郡的長官，稱為太守；都是地方行政官。郡以上更大的區域稱為州。每州有一個刺史，卻是監察官而不是行政官了，所以他查察人家的失職與否，而自己並不辦事。而且所監察的專注重於太守，縣以下的事情，即非其所問。

原來秦漢時代的縣，就是古代的一個國。諸位總還有讀過《孟子》的。《孟子》的〈萬章下篇〉說古代國家的大小，不是說「天子之地方千里，公、侯皆方百里，伯七十里，子、男五十里」麼？《漢書‧百官公卿表》說：漢朝承襲秦朝的制度，每一縣的地方，大概是方一百里。我們讀《左傳》等書屢見當時的大國滅小國而以為縣，而秦漢時的縣名，和古代的國名相同的很多，就可見古代之國被滅之後，在大國中仍成為一個政治單位。春秋、戰國之世，次等國大約方五百里，如《孟子‧告子下篇》所說，「今魯方百里者五」便是。大國則方千里，如《孟子‧梁惠王上篇》所說，「海內之地，方千里者九，齊集有其一」便是。這其大小，就是〈萬章篇〉所說的天子之國了。所以孟子說梁惠王，說齊宣王，都希望他們行王政而王天下，因為他們實在有這個憑藉。

在春秋以前，大國或次等國滅掉了別一國，大概都把它作為自己國裡的一縣，直隸於中央政府，其上更無任何等級。

戰國時的大國，才有在邊地置郡的，內地還沒有什麼郡。郡的兵力比縣要充足些。所以戰國時，秦王派甘茂去攻韓國的宜陽縣，甘茂說：宜陽雖名為縣，其實是郡，是不容易攻的。內地用不到很厚的兵力，所以各國都不設郡。到秦始皇滅六國，六國的人民都非心服，到處都有用兵力鎮壓的必要，所以把天下分做三十六郡，而郡就成為普遍的制度了。所以郡的設立，根本就是為鎮壓起見，並不是為治理地方起見。

但是既不放心各地方的人民，怕其要反叛，縣的兵力不足鎮壓，而要設置了許多郡守，又怕郡守的權力太大了，於己不利，於是每郡又派一個御史去監視著他。到漢朝，皇帝不再派御史，而由丞相分派若干個史，出去監察各郡，這個史便稱為刺史。刺史本非行政官，一個刺史監察幾個郡，只是辦事上一個分劃的手續，並不是什麼行政區劃，所以其初並沒有州的名目而稱之為部。這部字，便是現在部分兩個字的意思。到後來才改稱為州，但是名目雖改，其實權還是一樣。直到後漢靈帝時候，改刺史為州牧，其實權才有變更的。改刺史為州牧，前漢時就有此舉，但是不久又改回來了。

當時主張改刺史為牧的人，議論是這樣的，他們說：刺史的責任在監察太守，可是他們的官位比太守小，他們的資格也比太守淺。政治上的秩序，是要使大官去治小官，不該使小官去治大官的。所以要把刺史改名為牧，算做太守的上級官，用資格深的人去做。其實這話是錯的。監察和行政是兩個系統。

監察一系的官吏，可以監察行政官，乃其職權如此，並非把其官位和所監察的官的官位，比較大小而定的。而在事實上，則行政官宜用資格較深的人，監察官宜用資格較淺的人。因為行政有時候要有相當的手腕，而且也要有相當的技術，這是要有經驗然後才能夠有的，所以要用資格深的人。至於監察官，則重在破除情面。要鋒銳，不要穩重。要些初出茅廬的呆氣，不要閱歷深而世故熟。要他抱有高遠的理想，看得世事不入眼，不要他看慣了以為無足為怪。要他到處沒有認得的人，可以一意孤行，不要交際多了，處處覺得為難。把現在的事來說，學校裡初畢業的人，文官考試剛錄取的人，宜於做監察官。在官場上辦過若干年事情的人，宜於做行政官。而且行政官和當地的人，總不能毫無聯絡。對於土豪劣紳等，有時雖明知其不好，也不容易專走方路，把他們盡情懲治的，因為如此，他就要暗中和你為難，使你緩急之際辦事棘手，有時為害甚大。就是平時的政務，也不免要受他牽掣的。我前文說行政官必須要有些手腕，這也是其中的一端。至於監察官，則根本不辦什麼事情，不怕你掣肘。而且漢朝的刺史，只有一年一任，到你要和他為難，他倒早已離開你這地方了。土豪劣紳的勢力，大抵只限於本地。要離開本地，趕進京，或者到別地方去和前任刺史為難，是不容易的。所以漢朝刺史的制度，確有相當的價值。前漢時主張改刺史為州牧的人，其議論實不得當。所以後來行之而不好，就不得不將舊制回復了。

　　但是到東漢末年，此論復起。主張的人，便是劉璋的父親劉焉。他的理由是四方多亂，非有資深望重的人不能鎮懾；而資深望重的人是不能使他為刺史，而不得不改其名為牧，以示隆重的。當時聽了他的話，便派了幾個資深望重的人出去做州牧。其餘不重要的去處，還是稱為刺史。到後來，則一個人往往先做刺史，過了幾年，資格漸深，名望漸高，然後升為州牧。論當時的情勢，有實力的人，無論稱為刺史，或稱為牧，其能霸占一地方，總是一樣。而且既占一地方之後，其勢也不得不升他做牧。但是有幾個人，其能霸占一地方，和州牧的制度也是有些關係的。譬如劉表，若非有州牧之制，他這種名望很高的人，或者就不會久任一州的刺史。又如他的名目只是刺史，在地位上比州牧要低些，或者他也要小心一些，有許多僭越的事情，根本就不敢做。所以把後漢末年的分裂，過分歸咎於州牧之制，是不對的；然而州牧之制，確也有相當的關係。據地自專，和中央政府反抗，是要有相當大的地盤的。從春秋以來，像後世一府這麼大的地方，就不足以為輕重。所以和魯國差不多大小的國，如宋國、衛國、鄭國等，都不能和大國相抗，到秦漢之世，此等情形就更為顯著。

　　諸位有讀過柳宗元的〈封建論〉的麼？他的〈封建論〉裡有一句說：漢朝「有叛國而無叛郡」。這就因為漢時的郡，只有後世一府這麼大，而漢初所封諸國，都兼五六郡之地之故。後漢末年，割據的人，大約都有一州或大於一州之地，也是為此。

後漢的十三州，大小是極不相等的。小的如青州、兗州，不過現在山東省的一半。大的如揚州、益州，都要包括現在的好幾省。這是因人口多則設治密，而當時的南方還未甚開發之故。所以翻開讀史地圖來看，吳國的地方並不小於魏，而實力卻遠不如魏，就是為此。

司隸校尉是前漢武帝所設的官。因當時有巫蠱之禍，使之督捕，是帶有非常時期的偵緝性質的。後來事過境遷，此等特殊性質漸漸消滅，乃使其監察數郡。在這一點上，其性質與刺史無異。所以後漢有十三州，中有一州不設刺史而即由司隸校尉監察。

董卓的擾亂

現在真要說起三國時的戰事來了。說起三國時的戰事來，第一個要提到的，便是董卓。董卓到底是怎樣一個人呢？

三國的紛爭，起於漢獻帝初平元年東方州郡的起兵討伐董卓。其時為公元一百九十年。直到晉武帝太康元年，把東吳滅掉，天下才算統一。其時為公元二百八十年。分裂擾亂的局面，共歷九十一年。政治上最怕的是綱紀廢墜。綱紀一廢墜，那就中央政府的命令不能行於地方，野心家紛紛乘機割據，天下就非大亂不可了。

專制時代的君主，雖然實際也無甚能力。然而天下太平了幾十年，或者幾百年，大家都聽中央政府的命令慣了，沒有機會可乘，絕沒人敢無端發難。後漢時，離封建時代還近，尊君的思想極為普遍。讀過書的知兵大員，雖然很有威望，兵權在手，也都不敢違犯中央的命令。黃巾雖然勾結很廣，起兵時聲勢浩大，幸而張角並非真有才略的人，一起兵，就被官軍撲滅了，其餘黨雖未能盡絕；黃巾以外，各地方的盜賊起義的雖然還不少，都是迫於飢寒，並無大志。倘使政治清明，再有相當的兵力輔助，未始不可於短期之內剿撫平定的。何進的死，雖然京城裡經過一番擾亂，恰好把積年盤據的宦官除掉了，倒像患外症的施行了手術一般。所以經過這一番擾亂以後，倒是一個圖治的好機會。而惜乎給董卓走進去，把中央的局面弄糟了，正給有野心要想割據的人一個好機會。自此以後，中央政府就命令不行，政治上的綱紀全然失去了。所以論起漢末的分裂來，董卓確是一個罪魁禍首。

董卓初進京城時，也未始不想做些好事。當後漢桓、靈二帝時，宦官專權，曾誣指反對的人為黨人。把他們殺的殺，治罪的治罪。最輕的，也都不准做官。這個在古時謂之錮，所以史家稱為黨錮之禍。董卓初進京時，替從前受禍的人一一昭雪，而且還引用了一班名士。有名的蔡邕表字喚做伯喈的，便是其中的一個。

他自己所喜歡的人，只做軍官，並不參與政治。倘使他真能聽這一班名士的話，約束手下的武人，政治也未始不可漸上軌道。苦於他其實是不懂得政治的人。一上政治舞臺，便做了一件給人家藉口的事。那便是廢少帝而立獻帝。在專制時代，無故廢立，那是怎樣容易受人攻擊的事啊！公忠體國之臣，固然皇帝不好，不敢輕於廢立。就是奸雄想要專權，甚而至於想要篡位的，也正利於君主的無用，何必要廢昏立明？歷代篡弒之事，能夠成功的，都在權勢已成，反對自己的人誅鋤已盡之後，哪有一入手便先做一件受人攻擊之事的呢？董卓的舉動如此，就見得他是一個草包了。

而他所以失敗之由，尤其在於不能約束兵士。當時洛陽城中，富貴之家甚多，家家都有金帛。他就放縱兵士，到人家去搶劫，還要姦淫婦女。有一次，他派兵到洛陽附近的地方去。這地方正在作社（中國民間最重的是社祭，就趁這時侯，舉行種種宴樂、遊戲等事，謂之作社），人民都聚集在社廟附近。他的兵，就把男人都殺掉。再搶了他們的車，把所殺的人頭掛在車

轅上，載其婦女而還。這件事，《三國演義》上也曾說及的。《三國演義》的話，有些固然靠不住，有些卻是真的。這件事，正史中的《後漢書》上也有，並非寫《三國演義》的人冤枉董卓。他的軍隊如此，就連京城裡的秩序都不能維持，還說得上收拾天下的人心麼？無怪東方州郡要起兵討伐他了。

　　東方的兵一起，董卓的所作所為，就更不成話了。他的兵雖也相當的強，然而名不正，言不順。而且東方州郡的兵，聲勢浩大，也不易力敵的。於是想到從洛陽遷都長安。一者路途遙遠，且有函谷關（函谷關，本在今河南的靈寶縣，漢武帝時，東移到現在河南的新安縣。這是從河南到陝西一條狹路的東口。現在的潼關，是其西口）之險可守，東方的兵不容易到。二者董卓是西涼人，所用的是西涼的兵，長安離他的老家近些。這還可說是用兵的形勢不得不然。然而遷都也有遷法。他卻令手下的兵，逼著人民遷徙。當時洛陽居民共有數百萬人，互相踐踏。也有餓死的，也有遇著搶劫而死的，死屍堆滿在路上。他自己帶兵，仍留在洛陽附近。一把火，把皇宮、官署、民居都燒毀了。兩百里內更無人跡。他又使呂布把漢朝皇帝和官員的墳，都掘開了，把墳中所藏珍寶取去。你想這還成什麼行為？無怪批《三國演義》的人，要說他是強盜行徑，不成氣候了。

　　當時東方的兵，如果能聲罪致討，這種無謀的主帥，這種無紀律的軍隊，實在是不堪一擊的。至多經過一兩次戰事，就

平定了。苦於這些州牧、郡守，都只想占據地盤，保存實力，沒有一個肯先進兵。其中只有曹操，到底是有大略的人。他雖然是個散家財起兵，本來並無地盤的，倒立意要成就大事，替義兵（當時稱東方討伐董卓的兵為義兵）畫了一個進取之策。諸人都不聽，曹操就獨自進兵。董卓的兵力是相當強的。合眾諸侯的力量以攻之，雖然有餘，單靠曹操一個人的力量，自然不夠。兵到滎陽，就給董卓的部將徐榮打敗。然而曹操的兵雖少，卻能力戰一天。徐榮以為東諸侯的兵都是如此，也就不敢追趕。

這時候，董卓的兵似乎勝利了，卻又有一個孫堅，從豫南而來。孫堅是做長沙太守的。漢朝時候，湖南還未甚開闢，長沙僻在南方，與中原大局無甚關係。倘使做太守的是一個苟且偷安的人，大可閉境息民，置境外之事於不問。孫堅卻是有野心的。他聽得東諸侯（當時稱東方的州牧、郡守為東諸侯，乃是沿用封建時代的舊名詞）起兵討卓，也就立刻起兵。路過荊州、南陽，把刺史太守都殺了。前到魯陽，這就是現在河南的魯山縣，為從南陽到洛陽的要道。這時候，袁術因畏懼董卓，屯兵在此，便表薦孫堅做豫州刺史。孫堅向北進兵，也給徐榮打敗。明年，孫堅收兵再進。董卓使呂布、胡軫去拒敵。二人不和，軍中無故自亂。給孫堅打敗，把他的都督華雄殺掉。華雄明明是被孫堅所殺的，《三國演義》卻說他被關公所斬，這就是演義不可盡信之處了。於是孫堅進兵，離洛陽只有九十里，

董卓自己出戰，又敗。乃留兵分屯關外，自己也退到長安。

董卓這時候，大抵是想雄據關內，看東諸侯的兵將怎樣的。果然東諸侯心力不齊，不能進兵。孫堅進到洛陽，修復了漢朝皇帝的墳墓，也就無力再進了。而且這時候，洛陽業已殘破，不能駐兵。只得仍退到魯陽。倘使這時候，董卓的所作所為，成氣候一些，確也還可以據守關內。無如他的所為，更不成氣候了。他在關中的郿縣（注：今陝西省眉縣）造了一個塢。據《後漢書》說：高厚各有七丈。《後漢書注》是唐朝的章懷太子（唐高宗的兒子，名字喚做賢）作的。據說其時遺址還在，周圍有一里一百步。他在郿塢中，堆積了三十年的糧食。說：「事成雄據天下，事不成，守此也足以終身了。」你想：亂世的風波，多著呢，險著呢，哪有這種容易的事？而且他一味暴虐，不論文官武將，要殺就殺。於是再沒有人歸心他。再到明年，就是漢獻帝的初平三年（公元一九二年），就給王允、呂布合謀所殺。這件事的大概，料想諸君都知道的，不必細講了。

董卓雖死，朝廷卻仍不能安靜。事緣董卓雖死，他手下的軍隊還多著呢，都沒有措置得妥帖。

排布這件事，是要有些政治手腕的。王允雖然公忠，手腕卻缺乏。沒有下一道赦令暫安他們的心，然後徐圖措置。當時董卓的女婿牛輔，屯兵在現在河南的陝縣，呂布既殺董卓，派李肅到陝縣，要想藉皇帝的命令，殺掉牛輔。這如何辦得到？於是李肅給牛輔打敗了。呂布便把李肅殺掉。這其實也是冤枉

的。牛輔心不自安。有一次，營中的兵，有反去的。輔以為全營都反，取了金寶，帶著親信五六個人逃走，他的親信又垂涎他的金寶，把他殺掉，將頭送到長安。

他的部將李傕、郭汜、張濟等，本來是去侵略現在河南省的東南部的，回來之後，軍中已無主將。又聽得謠言說：京城裡要盡殺涼州人。急得沒有主意，想各自分散，逃歸本鄉。當時有一個討虜校尉，名喚賈詡的，也在軍中，對他們說道：你們棄眾單行，一個亭長（漢時十里一亭，亭有長，亦主督捕盜賊），就把你們綁起來了。不如帶兵而西，沿路收兵，替董卓報仇。事情成功了，還怕什麼？不成，到那時再想法逃走，亦未為晚。一句話點醒了李傕等，就照著他的話行。大約當時想亂的人多了，沿路收兵，居然得到十幾萬。就去攻長安城。十天工夫，把城攻破了。呂布戰敗逃走，王允給他們殺掉。於是長安為李傕、郭汜所據。張濟仍分屯於外。

李傕、郭汜的不成氣候，自然也和董卓一樣的。縱兵到處搶劫。當時長安附近，人民還有幾十萬家，因此窮到人吃人。兩年之間，幾乎死盡了。後來李傕、郭汜又互相攻擊。李傕把漢獻帝留在營中，做個人質，卻派公卿到郭汜營中講和。郭汜便把他們都扣留起來。幸得張濟從外面來，替他們講和，漢獻帝才得放出。

獻帝知道在李傕、郭汜等勢力範圍之下，總不是一回事。派人去請求李傕，要東歸洛陽。使者來回了十趟李傕才答應

了。獻帝如奉到赦令一般，即日起行。此時護衛獻帝的：一個
是楊定，乃董卓部將；一個是楊奉，本來是白波賊（白波，谷
名，在今山西汾城縣。白波賊，是在白波谷地方做強盜的）帥，
後來做李傕部將，又反李傕的；一個是董承，是牛輔的部將。
走到華陰，有一個帶兵的人，喚做段煨的，把獻帝迎接入營。

　　段煨的為人，是比較成氣候一點的，卻和楊定不合。楊定
就說他要造反，發兵去攻他的營。恰好李傕、郭汜把皇帝放走
了，又有些懊悔，乃合兵去救段煨。楊定逃奔荊州。獻帝乘機
脫身。而張濟又和楊奉、董承不合，和李傕、郭汜合兵來追。
楊奉、董承大敗。乃詐與李傕等講和，而暗中招白波帥李樂、
韓暹、胡才等和南匈奴的兵來，把李傕等打敗。李傕等合兵再
來，楊奉、董承等又敗。乃逃過黃河，暫住在山西安邑縣地
方。韓暹又和董承相攻。

　　董承逃奔河內，就是現在河南的武陟縣。河內太守張楊，
叫他到洛陽去，把宮室略為修理，發兵迎接獻帝，回到洛陽。
此時洛陽城中，房屋都沒有什麼了，到處生著野草。百官都住
在頹牆敗壁之間。有的自出樵採，有的竟至餓死。在洛陽護衛
獻帝的，是董承、韓暹兩人。他倆依舊不和。董承暗中派人去
喚曹操進京，以後的大權，就歸於曹氏了。

　　我們總看，從董卓入洛陽以後，到獻帝遷回洛陽之時，漢
朝的中央政局，可說全是給董卓和他部下的人弄壞的。這件
事，別有一個深遠的原因在內。我們且看蔡文姬的詩：

漢季失權柄，董卓亂天常。志欲圖篡弒，先害諸賢良。
逼迫遷舊邦，擁主以自強。海內興義師，欲共討不祥。
卓眾來東下，金甲耀日光。平土人脆弱，來兵皆胡羌。
獵野圍城邑，所向悉破亡。斬戮無孑遺，屍骸相撐拒。
馬邊懸男頭，馬後載婦女。長驅西入關，迴路險且阻。
還顧邈冥冥，肝脾為爛腐。所略有萬計，不得令屯聚。
或有骨肉俱，欲言不敢語。失意機微間，輒此斃降虜。

「要當以亭刃，我曹不活汝。」（這十個字，是西涼兵罵俘
虜的話）

豈復惜性命，不堪其詈罵。或便加捶杖，毒痛參並下。
旦則號泣行，夜則悲吟坐。欲死不能得，欲生無一可。
彼蒼者何辜？乃遭此危禍。

蔡文姬名琰，就是蔡邕的女兒，是後漢時的一個才女。這
一首詩，寫盡了西涼兵野蠻的情形。

看了「來兵皆胡羌」一句，可知當時西涼兵中，夾雜了許多
異族。原來羌人的根據地，本在今甘肅東南部。戰國時，才給秦
國人趕到黃河西邊。羌人就以今青海省城附近大通河流域為根據
地。西漢時，中國又經開拓，羌人又逃向西邊去了。到王莽末
年，乘中原內亂，又渡過大通河來。後漢初年，屢次反叛。中國
（漢朝）把他打平了，都把降眾遷徙到內地，一時來不及同化。
又貪官汙吏、土豪劣紳都要欺凌剝削他們，於是激而生變。從安
帝到靈帝，即大約從公元一〇七年造成一七六年，七十年之間，

反叛了好幾次。中國（漢朝）這時候政治腐敗。帶兵的人都無意於打仗。地方官則爭先恐後，遷徙到內地。涼州一隅，遂至形同化外。後來表面上雖然平定，實際亂事還是時時要發動的。

羌人的程度本來很低。他的反叛全是原始掠奪性質。胡本來是匈奴人的名稱。後來漢朝人把北邊的異族都稱為胡。其初，還稱匈奴東方的異族為東胡，西方的異族為西胡或西域胡。再後來，便把西字或西域字略去，竟稱之為胡了。這一首詩中「來兵皆胡羌」的胡字，大約是西域胡，也是野蠻喜歡掠奪的。

而中國（漢）人和這一班人打仗打久了，也不免要傳染著他們的氣習。所以當時的西涼兵野蠻如此。帶兵的人就要約束，又從何約束起呢？況且董卓自己也是這樣的。《後漢書》上說：他有一次到郿塢去，漢朝的官員替他送行。他將投降的幾百個人，即在席間殺害。先割掉他們的舌頭，再斬斷他們的手腳，再鑿去他們的眼睛，然後用鍋子來煮。這些人要死不得死，都宛轉杯案之間。大家嚇得筷子等都丟掉了，董卓卻飲食自如。他的性質如此，又怎會約束他手下的人呢？他的這種性質，是哪裡來的？《後漢書》說他「少遊羌中，盡與其豪帥相結」。可見董卓的性質，有一半被他們同化了。不但董卓如此，他的部將和他的兵，怕大都如此。後來「五胡亂華」時，有一大部分人還是帶著這種性質的。

可見後漢時西涼兵的擾亂，並不是一個單純的政治問題，其中實含有很深遠的民族問題、文化問題在內了。

曹操是怎樣強起來的

　　董卓劫遷獻帝之後，東方州郡既無人能跟蹤剿討，自然要乘機各據地盤了。當時的南方還未甚發達，在政治上的關係也比較淺。北方，洛陽殘破了。從函谷關以西，則還在董卓手裡。所以龍爭虎鬥，以幽、並、青、冀、兗、豫、徐七州和荊、揚兩州的北部為最利害。這就是現在的山東、山西、河南、河北四省，及江蘇、安徽、江西、湖北四省中江、漢、淮三條大水沿岸的地方。

　　當靈帝末年，做幽州牧的是劉虞。他是漢朝的宗室。立心頗為仁厚，居官甚有賢名，頗得百姓愛戴。然實無甚才略。幽州有個軍官喚做公孫瓚，性情桀驁，而手下的兵頗強，自然不免有些野心。不過當政治上秩序未大壞時，還不敢公然反抗罷了。到董卓行廢立之後，情形又有不同。獻帝既係董卓所立，在專制時代的皇位繼承法上，自不能算做正當。討伐董卓的人，自然有不承認獻帝的可能。於是袁紹和冀州牧韓馥聯合，要推劉虞做皇帝。劉虞是沒有實力的人，假使承認了，豈非自居叛逆，甘做他人的傀儡，所以堅絕不受。反派人到長安去，朝見獻帝。獻帝正為董卓所困，想要脫身而無法。見劉虞的使者來，大喜。此時劉虞的兒子劉和，還在長安做官。獻帝就叫他回見父親，密傳詔旨：令劉虞派兵來迎。劉和不敢走函谷關大路，打從現在商縣東面的武關出去。這時候袁術因懼怕董卓，帶兵駐紮在南陽。恰好孫堅自長沙帶兵而北，把南陽太守殺掉，袁術就趁此機會，把南陽占據起來。迎接皇帝，是一件大有功勞，而且存心要想專權，也是一

件大有希望的事。有此機會，袁術如何肯讓劉虞獨占。劉和經過其境，袁術便把他留下，派人去告訴劉虞，叫他派兵來和自己的兵會同西上。劉虞果然派了幾千個馬兵來，就叫劉和統帶。這事倘使成功，劉虞的名望地位豈不更要增高，公孫瓚要把他推翻就難了。所以公孫瓚力勸劉虞不可派兵。劉虞不聽。公孫瓚便串通袁術把劉和拘留起來，而把劉虞所派的兵奪去。這是董卓劫遷獻帝以後，關於帝位問題，當時幾個有兵權和地盤的人勾心鬥角的一幕。因其事情沒有鬧大，讀史的人都不甚注意，把它淡淡地讀過了。其實此項陰謀，和當時東方兵爭序幕的開啟，是很有關係的。

公孫瓚串通袁術，把劉和拘留起來，劉虞派去的兵奪掉，既阻止劉虞迎駕的成功，又可和袁術相連結，他的陰謀似乎很操勝算了。於是志得意滿，以討伐董卓為名，帶兵侵入冀州，要想奪韓馥的地盤。韓馥如何能抵敵？

誰知螳螂捕蟬，黃雀又隨其後。鷸蚌相持，漁翁得利，反替袁紹造成了一個機會。此時袁紹正因董卓西遷，還軍河北，便乘機派人去遊說韓馥。韓馥乃棄官而去，把冀州讓給袁紹。袁紹的高、曾、祖、父都是做漢朝的宰相的（所謂「四世三公」，後漢是以司馬、司徒、司空算相職的），歸心於他的人很多。其才能，比之韓馥，自然也要高出幾倍。公孫瓚要占據地盤不得，反而趕去了無用的鄰居，換了一個強敵來。世界上的事情，正是變化多端，不由得人打如意算盤了。

袁紹和公孫瓚地勢逼近，自然是要想互相吞併，不會合式的。袁術和公孫瓚連結，對於北方也有一種野心。平空跳出一個袁紹來，這種野心不免要受一個打擊。自然要和袁紹不對，顧不到什麼弟兄不弟兄了。

曹操和袁紹是討卓時的友軍。當群雄初起之時，各人都怕兵力不夠，總想多拉幫手。不是利害真相衝突之時，總要戴著假面具，互相利用。這是當時曹操、劉備、呂布等所以內雖不和而當人家窮困來投奔時，總要假意敷衍，不肯遽行決裂的原因。袁、曹初時的互相提攜，理由亦不外此。此時兗州北境，適有亂事，本來的地方官不能平定。曹操帶兵去把他打平了。袁紹就表薦他做東郡太守（治東武陽，在今山東朝城縣西。注：即今山東省莘縣）。此事在漢獻帝的二年。明年，青州黃巾攻入兗州。兗州刺史劉岱為其所殺。濟北（濟北國，在今山東長清縣南）相鮑信是最賞識曹操的，就勸劉岱手下的人共迎曹操為兗州牧。此時黃巾聲勢浩大，曹操和鮑信進兵討伐，鮑信力戰而死。曹操到底把黃巾打破。黃巾投降的共有三十多萬人。曹操把他精銳的留下，編成軍隊，稱為青州兵。這些都是百戰的悍賊。於是曹操不但得兗州為地盤，手下的軍隊也比較精強了。

南陽在後漢時，也是荊州的屬地。這時候的荊州刺史是劉表，已從今湖南境內遷徙到湖北的襄陽，和中原之地接近了，和南陽勢尤相逼。孫堅也是個沒有地盤的人，屯紮在河南魯山縣境內。袁術就表薦他做豫州刺史，和他互相聯結，要想奪劉

表的地盤。這樣一來，袁紹就要和劉表聯結。而徐州和兗州是相接境的。徐州可以吞併兗州，兗州也可以吞併徐州。徐州牧陶謙，照《三國演義》上看來，是一位好好先生，這個不是真相。他雖無才能，而亦頗有野心。青州刺史田楷，則本係公孫瓚的人。

當時的鬥爭，遂成為冀州的袁紹、兗州的曹操、荊州的劉表站在一條線上，幽州有實權的公孫瓚、寄居荊州境內的袁術和豫州的孫堅、徐州的陶謙站在一條線上的形勢。劉備是以討黃巾起兵的，後來跟隨公孫瓚。公孫瓚薦他做平原（今山東平原縣）相。平原屬於青州，常做田楷的幫手，所以也在公孫瓚、袁術戰線之內。

兩個集團開始鬥爭，袁術和公孫瓚一方面是失敗了。公孫瓚進兵攻袁紹，既為所敗（即《三國演義》所謂袁紹磐河戰公孫。據《演義》上看，似乎兩軍無大勝敗，實在是公孫瓚敗的）。袁術使孫堅攻劉表，雖然戰勝，圍困襄陽，然孫堅的用兵太覺輕率，因單馬獨出，被劉表的軍士射殺了。劉表就進兵截斷袁術的糧道。此事在漢獻帝的四年。前一年，公孫瓚已經發動劉備和陶謙，進兵山東西北境，以逼袁紹。給袁紹、曹操聯合打敗。至此，袁術又自己帶兵到現在豫東的陳留，又給曹操打敗了。袁術逃到九江。漢朝的九江郡，在現在安徽的壽縣，也就是揚州刺史的治所。袁術逃到九江之後，將揚州刺史殺掉，把其地占據起來。壽春雖然是東南重要的都會，其勢離北

方已經遠一步了。陶謙卻在此時發動大兵以攻曹操，和下邳（在今江蘇邳縣境內）地方自稱天子的闕宣聯合，攻取了山東的泰安、費縣，進逼濟寧。

這一年秋天，曹操進攻陶謙，連破了十幾座城池。明年夏又繼續進攻，直打到徐州東境。曹操的攻陶謙，《後漢書》和《三國志》都說他是要報父仇。這句話是不確的。

曹操的父親名曹嵩，是沛國譙縣人。漢朝的譙縣就是現在安徽的亳縣。他被殺的情形：《三國志·魏武帝本紀》說：「董卓之亂，避難琅琊，為陶謙所害。」《後漢書·陶謙傳》則說他避難琅琊，陶謙的別將（部將離開主將，自帶一支兵駐紮在外面的，謂之別將）有守陰平的，士卒貪他的財寶把他襲殺。這兩說須互相補充，才覺得完全。曹嵩避難的琅琊，該是現在山東諸城縣東南的琅琊山（後漢有琅琊郡，在今山東臨沂縣北）。董卓之亂，亳縣並沒有受影響。曹嵩所以要避難，乃因曹操起兵以討董卓之故。這是避人耳目，並非逃避兵災，所以要躲在山裡。漢朝的陰平縣，在現今江蘇沭陽縣西北，其地離琅琊山頗近，所以守陰平的兵會把曹嵩殺掉。《後漢書》沒說出曹嵩避難的原因。《三國志》則沒有說明殺害曹嵩的主名。所以我說：二說要互相補充，才覺得完全。至於《三國演義》之說，則出於《三國志》注引《世語》，《世語》說曹嵩的被害，在泰山、華縣之間。漢朝的泰山郡，就是現在山東的泰安縣，華縣就是費縣，大約因陶謙曾奪取其地，所以有此傳訛，其說全不足信

了。然則曹嵩確係陶謙部將的兵所殺。

做主將的固然有約束部下的責任，然亦只到約束為止。部將的兵殺人，要主將負約束不嚴以外的責任，也是不合理的。所以因曹嵩被殺，而曹操聲言向陶謙報仇，理由並不充足。不過師出無名，以此作一個藉口罷了。可見得當時用兵的人，論其實際，無一個不意在擴充地盤了。

曹操這一次的用兵，是頗為殘暴的。《三國志》謂其「所過多所殘戮」。這個不像曹操做的事情。大約這時候，曹操的兵，係以收編的青州黃巾為主力。其人本係強盜，所以難於約束。然戰鬥力頗強，所以袁術、劉備、陶謙都非其敵。倘使竟吞併了徐州，則曹操以一人而坐擁兩州，形勢就更強了。不意忽然跳出一個呂布來。

呂布從長安逃出來之後，就去投奔袁術。袁術很敷衍他。而呂布手下的軍隊很無紀律，專事抄掠。袁術就有些難於容留他。呂布覺得不安，逃到現在河南的武陟縣，去靠河內太守張楊。這時候，長安懸掛賞格，緝拿呂布很急。呂布怕張楊手下的人要謀害他，又逃去投奔袁紹，幫助袁紹攻擊常山裡的強盜張燕。呂布的武藝是頗為高強的。他手下的軍隊亦頗精練，而馬隊尤其得力。

平話中敘述兩軍爭戰，大都是將對將廝殺，而兵對兵相廝殺似乎無甚關係。這固然不是事實。然將對將相廝殺，而其餘的兵士看著不動，前代亦偶有其事。不過不像平話中所說，以

此為決定勝負的要件罷了。像《三國志‧呂布傳》注引《英雄記》，說李傕、郭汜攻長安時，郭汜在城北，呂布開門迎敵，對郭汜說：「咱倆可約退兵馬，一決勝負。」郭汜聽了他的話，被呂布用矛刺傷。郭汜的從兵，前來解救。二人乃各自退去。就是一個將對將決鬥的例子。這大約是古代戰爭規模很小時，所遺留下來的打法。呂布能刺傷郭汜，可見其武藝確較郭汜為高強。此等個人的勇力，固然不是戰爭時決定勝負的唯一條件。然主將能衝鋒陷陣，確亦足以引起士卒的勇氣。

《三國志‧呂布傳》說他有良馬，喚做赤兔。攻張燕時，常和其親近將校衝鋒陷陣，因此得把張燕的兵打破。注引〈曹瞞傳〉說，當時的人有句口頭話，說「人中有呂布，馬中有赤兔」。到後來，呂布被曹操擒獲時，他對曹操說：「你所怕的人，也沒有超過我的。現在我已經服你了。倘使你帶了步兵，我帶了馬兵，天下不足定也。」他做了俘虜，還說得出這幾句話，可見他馬隊的精強，確非虛語了。兵在精而不在多，曹操的青州兵，以御陶謙、袁術、劉備等久疏戰陣、烏合湊集的兵（據《三國志‧先主傳》劉備離田楷歸陶謙時，只有兵一千多人。此外便是雜胡騎及略得的饑民等），雖然有餘，以當呂布的兵，確乎是遇著了勁敵了。然而呂布生平，也到處吃軍隊不守紀律的虧。他在袁紹處便因此而站不住腳。再想投奔張楊，路過陳留，卻一時交到好運。

陳留太守張邈，是和曹操最有交情的人。曹操的起義兵討董卓，張邈就是最先贊助他的。這時候，曹操東征徐州，還對

家屬說：「我如其死了不回來，你們可以去依靠張邈。」其交情深厚如此。陳宮也是曹操的親信。曹操本來是以東郡太守發跡的。這時候東征陶謙，陳宮卻留守東郡，其為親信可知。不知如何，兩個人卻反起曹操來了。

《三國演義》說曹操藉獻寶刀為由，要想刺死董卓，未能成功，情虛脫逃。董卓行文各處捕拿他。這時候，陳宮正做縣令。曹操於路為其所獲。陳宮密問，知其用意，感其忠義，棄官與之同逃。路過曹操故人呂伯奢家，同往投宿。伯奢殷勤招待，自己出去買酒，吩咐家人預備肴饌。曹操心虛，聽得廚下磨刀之聲，疑其有不良之心。再聽，又聽得裡面說道：「縛而殺之可乎？」曹操說：「是了。」就和陳宮拔劍入內，把呂伯奢家人一齊殺死。直殺到廚下，見綁著一隻豬。陳宮說：「孟德心多，誤殺好人了。」兩人只得匆匆起行。路遇呂伯奢買酒回來，曹操又把他殺掉。陳宮大駭。曹操說：「寧可我負天下人，不可使天下人負我。」陳宮聞言，惡其狠心毒手，乘曹操熟睡後，要想把他殺掉。再一想，這也不是事，就棄了曹操而去。這是演義上妝點附會的話。

董卓廢立後，曹操改變姓名、棄官東歸是有的，卻並非因獻刀行刺。王允、呂布合謀誅殺董卓，還不能禁李傕、郭汜的造反，以致長安失陷。單刺死了一個董卓，又將如何呢？曹操路過中牟縣（今河南中牟縣），為亭長所疑，捉住送到縣裡。有認得他的人，把他釋放了，這事情也是有的。然縣令並非陳宮。

又曹操過成皋（今河南氾水縣）時，到故人呂伯奢家，把他家裡的人殺掉，則見於《三國志》注引《魏書》、《世語》及孫盛《雜記》。《魏書》說曹操帶數騎到呂伯奢家，伯奢不在。他的兒子要和賓客（沒有親族關係，也夠不上算朋友，而寄食人家的謂之賓客。文的如門客，武的如上海的老頭子家裡養活幾個白相人，都可以謂之賓客）打劫曹操的馬和行李。「曹操手刃擊殺數人。」《世語》說伯奢不在，他的五個兒子殷勤招待曹操，而曹操「疑其圖己，手劍夜殺八人而去」。《雜記》說曹操「聞其食器聲，以為圖己，遂夜殺之，既而悽愴曰：寧我負人，無人負我。遂行」。這件事的真相未知如何。然曹操本來是有些武藝的（《三國志‧魏武帝本紀》引孫盛《雜語》，說曹操「曾私入中常侍張讓室。讓覺之，乃舞手戟於庭，踰垣而出」），漢朝離戰國時代近，戰國以前本來道路不甚太平。走路的人要成群結隊，帶著兵器自衛。居家的人亦往往招集徒黨，做些打家劫舍，或打劫過往客商之事，根本不足為奇。曹操因疑心呂伯奢家而將其家人殺掉，或呂伯奢的兒子要想打劫曹操而被曹操所殺，都屬情理所可有。不過其中並無陳宮罷了。

《三國志‧呂布傳》注引《英雄記》說：陳宮歸呂布後，呂布部將郝萌暗通袁術造反，陳宮亦與通謀。呂布因其為大將，置諸不問。則陳宮似乎是一個反覆無信義的人。但《英雄記》的話亦難於全信。

至於張邈，《三國志》說因袁紹和他不和，叫曹操殺掉他，

曹操不聽，而張邈疑懼曹操終不免要聽袁紹的話，因此就和陳宮同反，這話也不近情理。

總而言之，歷史上有許多事情，其內幕是無從知道的。因為既稱內幕，斷非局外人所能知，而局中人既身處局中，斷不肯將其真相宣布。除非有種事情形跡太顯著了，太完備了，才可以據以略測其內幕，此外則總只好付諸闕疑之列了。陳宮、張邈為什麼要叛曹操，似乎也只好付諸闕疑之列。然而這確是當日東方兵爭史上重要的一頁。

漢獻帝五年夏，曹操東征徐州，張邈、陳宮叛迎呂布。兗州郡縣到處響應，曹操後方的大本營，此時由荀彧、程昱主持，只保守得鄄城（在河南省濮陽東）。此外則只有范（今河南省范縣）、東阿（今山東陽谷縣阿城鎮）兩縣固守不下。此時確是曹操生死存亡的一個關頭。倘使其大本營而竟為呂布所破；或者曹操還救，而其主力軍隊竟被呂布所粉碎；則徐州未得，兗州先失，曹操就要無立腳之地了。幸得三縣固守，而曹操東征的兵力也還強盛，乃急急還救。此時呂布屯兵濮陽，《三國志·魏武帝紀》說，曹操說：「呂布一旦得一州，不能據東平（漢郡，今山東東平縣），斷泰山、亢父（今山東濟寧縣南）之道，乘險要我，而乃屯濮陽，吾知其無能為也。」遂進兵攻之。這話亦係事後附會之辭。呂布的軍隊是頗為精銳的。他大約想誘致曹操的兵，一舉而擊破其主力，所以不肯守險。果然，戰時，呂布先用騎兵去攻青州兵。青州兵搖動了，曹操陣勢遂亂，給

呂布打敗。這就是《演義》上渲染得如火如荼的濮陽城溫侯破曹操一役。然曹操兵力本強，又是善能用兵的人，斷不至於一敗塗地。於是收兵再進。相持百餘日，這一年，蝗蟲大起，穀一斛賣到五十多萬錢。漢朝的一斛，相當於現在的二斗，穀價廉賤時，一斛只賣三十個銅錢。現在賣到五十多萬錢，是加出兩萬倍了。物質缺乏如此，軍隊安能支持？曹操只得把手下的兵遣散一部分。呂布也只得移屯山陽（漢郡，今山東金鄉縣）。如此，呂布的攻勢就頓挫了，曠日持久，自然於曹操有利。到明年，呂布就為曹操所擊破，此時陶謙已死。劉備初與田楷同救陶謙，就離田楷歸陶謙，屯於小沛（今江蘇沛縣）。陶謙死時，命別駕糜竺往迎劉備為州牧。劉備遂領有徐州，呂布為曹操所破，就去投奔劉備。劉備也收容了他。

劉備的才略自然非陶謙之比。倘使他據徐州稍久，未嘗不可出兵以攻擊曹操，倒也是曹操一個勁敵。苦於他舊有的兵力和徐州的兵力都太不行了。而才得徐州，袁術又來攻擊。袁術本來是和劉備站在一條戰線上的，論理他這時候該和劉備聯合以攻曹操。他卻貪圖地盤，反而進攻劉備。劉備和他相持，呂布又乘虛以襲其後。劉備腹背受敵，只得逃到現在的揚州，遣人求和於呂布。呂布也要留著劉備以抵禦袁術，就招他還屯小沛。於是徐、揚二州，因劉備、呂布、袁術三角式的相持，不足為曹操之患，曹操就得以分兵西迎獻帝了。

曹孟德移駕幸許都

　　諸葛亮隆中之對，有一句話說：「今曹操已擁百萬之眾，挾天子以令諸侯，此誠不可與爭鋒。」這句話，是人人知道的。挾天子以令諸侯，大家都以為是曹操勝利的一個條件了。其實亦不盡然。

　　中國從前的皇帝，實際上並沒有什麼號召力。除掉異族侵入時，大家把他看做民族國家的象徵之外（明朝的皇帝昏庸暴虐的很多，清朝時候，祕密社會裡，卻持反清復明的宗旨很久，就是為此），這一座寶位不論誰坐都好。自食其力的百姓，何苦要幫這一個、打那一個呢？

　　即如前漢為王莽所篡，後來光武帝興起，還是前漢的子孫。而且王莽末年起兵的，真正漢朝的子孫和冒充的漢朝的子孫，光武以外還有好幾個。大家就都說人心思漢，所以起兵的都要推戴漢朝的子孫，或假托漢朝的子孫，以資號召了。其實哪有這一回事？要是人心真個思漢，為什麼王莽篡漢時，除掉幾個姓劉的和一個別有用心的翟義之外，再沒有人起而替漢朝抱不平？倒是王莽滅亡時，還有許多人對他效忠、替他盡節呢？然則把王莽說得如何壞，又說當時海內的人心如何思漢，怕只因寫《漢書》的班固本是漢朝的親戚；他又是一個無識見的人，根本不懂得歷史是國民的公物，而只把他看成一家的私物罷？（《漢書》也是一部大家崇奉的名著。其實班固這個人是無甚識見的，根本不配寫歷史。只要看《漢書》的末了一篇〈敘傳〉，就可以知道。《漢書》之所以被人崇奉：（一）由中國人

崇古的觀念太深。（二）由古書傳世的少了，沒有別的書同他校勘，其弱點不易發見。這是一切古書都是這樣的，不獨《漢書》。《漢書》中自然也有一部分好東西，這是由於作史的總是把許多現成材料編輯而成，並非一個人所作，根本不是班固一人的功勞。）

然則說三國史事，一定要把蜀漢看做正統，魏、吳看做僭竊，也不過是一種陳舊的見解罷了。就說曹操的成功，和挾天子以令諸侯有多大的關係，也是一個不正確的見解。試問當時因曹操挾天子而歸順他的，到底是哪一個？劉備、孫權不就是明知其挾天子而還要和他抵抗的麼？然則曹操的所以不可與爭鋒，還是擁百萬之眾的關係大，挾天子以令諸侯的關係小。曹操所以能有相當的成功，還是因其政治清明，善於用兵，和挾天子以令諸侯，根本沒有多大的關係。

雖然如此，所謂皇帝，在事實上如其略有可以利用之處，想做一番事業的人還是要利用他的。這不過是政治手腕的一個方便，以利用為便則利用之，以推翻為便則推翻之罷了。這在漢獻帝初年，本來有兩條路可走。當東方州郡起兵討伐董卓之時，別立一君，而否認了漢獻帝，本亦無所不可。所以袁紹就想走這一條路，因劉虞的不肯做傀儡而未能成功。到曹操平定兗州之後，要出來收拾時局，這時候的形勢，利用漢獻帝卻比推翻漢獻帝便利些。所以曹操就走了後一條路了。

曹操的打退呂布，平定兗州，事在漢獻帝興平二年（公元

一九五年），即獻帝即位後的第六年。這一年冬天，獻帝逃到河
東。其明年，為建安元年（公元一九六年），即獻帝即位後的第
七年。七月裡，獻帝回到洛陽。這一年春天，曹操早就打平了
現在的淮陽，和洛陽的形勢更為接近了。獻帝在洛陽，為什麼
不能自立，一定要叫一支外兵進來呢？說是為饑荒，這句話是
似是而非的。饑荒是要望人家來進貢的，用不著帶兵來。帶了
兵來，糧食、賞賜只有特別竭蹶。然則這時候所以要召外兵，
還是在中央的幾個人勢均力敵，不能夠互相吞滅，而要召外兵
以為援罷了。

　　《三國志‧呂布傳》注引《英雄記》，說漢獻帝在河東時，曾
有詔書叫呂布去迎接他。這一道詔書不知是誰的意思？據事跡
推測起來：張楊和呂布是要好的。這時候，張楊業已遣人進貢，
漢獻帝很得他接濟之力。這個主意出於張楊，也很有可能。呂
布在這時候，正苦於漂泊無歸，找不到一個地盤。而他是誅董
卓有功的人，在中央也有相當的歷史。倘使帶兵勤王，倒也名
正言順，在於他，實在是一個好機會。苦於呂布的軍隊太窮困
了，連開拔費都籌劃不出來。因此沒有能去。

　　後來漢獻帝又靠張楊幫助之力，才得回到洛陽。這時候，
駐紮在京城裡的，是韓暹和董承二人。張楊仍在河內，楊奉
則駐紮在河南的商丘縣。他的兵在諸人中最強。韓暹和董承爭
權。董承便去勾引曹操，叫他進京。曹操這時候既然平定了兗
州，落得再向西南發展，平定豫州，把洛陽也收入自己勢力範

圍之內。要達到這個目的，推翻漢獻帝，自不如擁護漢獻帝為便，所以曹操就走了勤王的一條路。這正是我所說的政治手腕上的一個方便，可以利用則利用之。

勾結著曹操去勤王，只是董承一個人的意思。其餘諸人有沒有問題呢？韓暹大約不足顧慮。楊奉有強兵，張楊是一郡的太守，而且獻帝從河東到洛陽，一路得其接濟之力。他的舉動是比較成氣候一些的。倘使要和曹操反對，也是一個小小的阻力。固然，曹操的兵力不會怕這兩個人，但能不打總是不打的好。競爭的時候，人人都想保存實力，誰肯妄耗實力呢？好在當這時候，曹操對這兩方面都有相當的接洽。

原來這時候，有一個人喚做董昭，本是袁紹手下的人。因為袁紹聽信了人家的話，要想加罪於他，他就想走向中央政府去投效。路過河內，被張楊留了下來。這時候，漢獻帝尚在河東。曹操也派人去進貢。路過河內，也被張楊所阻。董昭知道曹操的做事是最為有望的，便替他運動張楊，放他的使者過去。後來張楊連董昭也放走了。董昭到了河東，獻帝拜為議郎，就做了中央政府的官。這時候，董昭對於曹操，大約抱有很大的希望。所以運用機謀，到處替他開通道路。董昭知道楊奉的兵最強，卻沒有黨羽，他的意思一定希望拉幫手的，就替曹操寫了一封信給楊奉，說「現在的局勢，不是一個人獨力所能平定的。最好你在內中做主，我做你的外援。而且你有的是兵，我有的是糧，我可以供給你。我們兩個人正好合作」。楊奉

得書大喜。於是曹操進京勤王的阻力，全然除去了。

獻帝還洛陽未久，曹操也就到了洛陽。董昭又對他說：「在這裡，人多主意多，由不得你一個人做主。不如把皇帝搬到許縣（今河南許昌縣），只說是洛陽饑荒，為就糧起見。到那裡，就離你的兗州近，脫出了這班帶兵的人的勢力範圍了。」曹操說：「這真是好主意。但楊奉怎肯安然放我們過去呢？」董昭說：「楊奉勇而無謀。我們只要再寫封信敷衍他，而且送他些禮物。到他覺悟，事已嫌遲了。」曹操又聽了他，一面寫信送禮物給楊奉，一面就把漢獻帝搬到許縣。果然，楊奉覺悟了，要想在路上攔阻，已經來不及了。

曹操到了許縣，立刻和楊奉翻臉，發兵去討伐他。楊奉怎敵得曹操。此時韓暹亦已逃到楊奉處。只得兩個人同去投奔袁術。後來合了袁術去打呂布。呂布又派人去運動他們倒戈，說我打仗所得的油水全給你們。二人欣然允諾，反和呂布合力，把袁術的兵打得大敗。然而這種強盜般的行徑，終究是站不住的。再後來，楊奉給劉備騙去殺掉。韓暹發急了，他本來是山西的強盜，要想跑回老家，在路上給人殺掉了。他的同黨李樂，算是病死的。胡才為怨家所殺。李傕、郭汜一班人，郭汜是給自己的部將殺掉的。張濟因沒有給養，走到南陽境內，去攻擊穰縣（今河南鄧縣東南），為流矢所中而死。他的姪兒張繡，統領了他的兵，歸附了劉表。建安三年，漢朝下詔書給關中諸將段煨等，令其討伐李傕，把他三族都滅掉。於是從董卓

以來，擾亂中央政府的一班人，大概完了。只剩得一個董承。董承本來是牛輔的餘孽，哪裡是什麼公忠體國的人？他叫曹操進京，也不過是想藉曹操的力量，排除異己罷了，哪裡會真和曹操一心？所以後來，又有奉到什麼衣帶詔，說獻帝叫他誅滅曹操之說。從董卓擁立之後，到曹操進京之前，這一班擁兵亂政的人的行徑，獻帝還領教得不足麼？就是要除曹操，如何會付託董承呢？這話怕靠不住罷？曹操到這時候，勢力已成，也不怕什麼董承不董承了。所以董承一黨人，徒然自取滅亡之禍。只有一個劉備，因在外面，是走脫的。這是後話。

　　曹操這時候，在名義上做了漢朝的宰相，實際上也得到了一大塊地盤，是很有利益的。這一次的事情，得董昭的力量實在不小。董昭並不是曹操的謀臣策士，而如此盡力幫他，那是由於擾亂之際，顧全大局的人總要想大局安定。而要想大局安定，總要就有實力的人中揀其成氣候的而幫他的忙。這是從來的英雄所以能得人扶助的原因。明朝的王陽明先生說：「莫要看輕了豪傑。能做一番大事業的人，總有一段真摯的精神在內。」可見天下事一切都是真的，斷不是像平話家所說，用些小手段可以騙人的啊！

袁紹和曹操的戰爭

　　袁紹是曹操的大敵。他不但地廣兵強，在社會上聲望很高，勢力極大，即論其才具，在當時群雄中，亦當首屈一指。從袁紹敗後，北方就沒有人能和曹操抵敵的了，雖然並沒有全平定。曹操的破袁紹，事在漢獻帝建安五年（公元二○○年）。《三國志・魏武帝本紀》說：「初，桓帝時，有黃星見於楚宋之分（古人有分野之說，把天文、地理都分畫做若干部分，說那一部分天象的變動，主地面上那一部分的休咎，也是一種迷信之談）。遼東殷逵善天文，言後五十歲，當有真人起於梁、沛之間，其鋒不可當。至是凡五十年，而公破紹，天下莫敵矣。」這些話，固然是附會之談，然而當時的人重視袁曹的戰爭，也就可想而知了。

　　怎說袁紹的才具並不算弱呢？讀史的人都說袁紹地廣兵強，而當曹操沒有平定河南以前，不能起而與之爭衡，坐令他破陶謙，平呂布，且收服了劉備，趕走了袁術，到他養成氣力，挾天子以令諸侯，再要起來和他爭衡，就難了。其實不然。

　　要和大敵爭衡，先要後方沒有顧慮。袁紹的地盤，是現在河北、山西兩省，在建安四年（公元一九九年）以前，問題正多著呢。別的且不論，公孫瓚就是到建安四年三月，才給袁紹滅掉的，而在建安三年的冬天，呂布業已給曹操滅掉了。到四年的春天，河內太守張楊為其將楊醜所殺，又有一個喚做眭固的，殺掉楊醜，歸附袁紹，曹操就進兵把他打破，這一年八月裡，曹操進兵黎陽（漢縣，在今河南濬縣東北），旋又回兵，而分兵把守官渡（城名，在今河南中牟縣東北）。此時曹操的兵

力，業已達到河北了。袁紹從公孫瓚破滅以後，就派他的大兒子袁譚去守青州，第二個兒子袁熙去守幽州，又派他的外甥高幹去守并州，其布置並不算遲。

至於說他坐視曹操入居中央，挾天子以令諸侯，以致於己不利，則當時挾著一個天子，實際並無甚用處，在上一節中業經說過；而袁紹在曹操遷獻帝許都之後，曾經挾著兵威，脅迫曹操，要令他把獻帝遷徙到鄄城（漢縣，在今山東濮城縣東），置於自己勢力範圍之內。袁紹的本意，是要否認獻帝的，此時又有此轉變，其手段也不算不敏捷。曹操自然是不肯聽的，因為曹操斷不是虛聲所能恐嚇的；袁紹此時，既因河北內部尚有問題，不願和曹操以實力相搏，自然只好聽之而已。然而袁曹的成敗，始終和挾天子與否無關，所以這也算不得袁紹的失策。

這時候，曹操的後力，也不是絕無問題的。其中最足為患的，就是屯紮在穰縣（今河南鄧縣）的張繡。因為他的地勢，可以南連劉表，是有接濟的。然而張繡聽了賈詡的話，卻投降了曹操。賈詡所以勸張繡投降曹操，大約因兵力不足和曹操相敵，袁紹相隔太遠，不能應援，劉表又係坐觀成敗之徒，未必能切實聯合之故。《三國志·賈詡傳》載他勸張繡的話：（一）是因曹操挾天子以令諸侯；（二）則袁紹兵多，你投降他，他未必看重；曹操兵少，你投降他，他必另眼相看之故。怕也未必確實的。張繡的投降，是建安四年十一月的事，到十二月，曹操就又進兵官渡了。

　　然而張繡之難甫平，劉備之兵又起。原來這時候，袁術在淮南，因其荒淫過甚，弄得民窮財盡，不能立腳，要想去投奔袁紹，打從下邳經過，曹操便派劉備去攔截他。劉備是有野心的，不肯服從曹操，他把袁術攔截回去，袁術又氣憤，又窮困，病死了，他卻和董承通氣，說奉到了獻帝的衣帶詔，叫他們誅滅曹操，就在下邳起兵。把徐州刺史車冑殺掉，屯兵小沛。

　　曹操派劉岱、王忠去打他，都給他打敗了。建安五年正月，董承等陰謀發覺，都給曹操殺掉，曹操立刻起兵東征。這件事，《三國志・魏武帝本紀》上說：「諸將皆曰：『與公爭天下者袁紹也，今紹方來，而棄之東，紹乘人後，若何？』公曰：『夫劉備，人傑也，今不擊，必為後患。袁紹雖有大志，而見事遲，必不動也。』郭嘉亦勸公。」曹操遂決計東行。〈袁紹傳〉上說：曹操攻劉備時，田豐勸袁紹襲其後方，袁紹說兒子有病，不聽。「豐舉杖擊地曰：『夫遭難遇之機，而以嬰兒之病失其會，惜哉！』」這也是事後附會之談。

　　曹操是善於用兵的人，後方絕不會空虛無備；況且當時曹操也有相當的兵力，後方絕不至於空虛無備。袁紹的根據地在河北，要襲擊許昌，先要渡過黃河，渡過黃河之後，還有好幾百里路，絕非十天八天可以達到。如其說輕兵掩襲，那是無濟於事，徒然喪失兵力的。劉備初起兵，力量有限，未必能牽制曹操許久。這一點，曹操和袁紹都是明白的。曹操所以決計東征，也是為此。

接觸之後，自然是劉備敗了，便投奔袁紹。當時守下邳的是關羽，孤軍自然難於抵抗，就暫時投降。關羽的投降，的確不是真降的，至於封金、掛印、過五關、斬六將等事，就都是演義上渲染之談，無關宏旨的了。

劉備在當時，兵力雖然不足，然而他是個有野心、有能力的人，倘使曹操和袁紹以主力相持，而劉備從後方搗亂，這確是一個大患，所以曹操要先把他除掉。劉備既敗之後，曹操後方就無甚可怕的搗亂之徒了。

當時還有一個臧霸，本來是泰山一帶的強盜。他是服從呂布的。曹操破呂布後，招降了他，就把青、徐二州的事情交給他。這時候，臧霸頗能出兵以牽制袁紹，所以曹操不怕袁紹從現在山東的北部進兵。不過臧霸的兵力，亦只能牽制袁紹不從這一路進兵而已，要想搗亂現在的河北，成為袁紹的大患，其兵力也是不夠的。於是袁曹二人，不得不各出全力，在現在河南境內的黃河沿岸，決一死戰。

建安五年二月，袁紹派顏良等攻東郡太守劉延於白馬城（漢縣，在今河南滑縣東）。袁紹帶著大兵，進至黎陽。四月，曹操自己帶兵去救劉延。荀攸因袁紹兵多，勸曹操引兵西向延津（黃河渡口，在今河南延津縣北），裝出要繞道襲擊袁紹後方的樣子。袁紹果然分兵而西。曹操就趕快引兵回來，派張遼和關羽先登，把顏良擊斬。關羽就在這時候，封書拜辭曹操，走歸劉備了。於是袁紹整兵渡河，攻擊曹操。劉備和文醜先到。曹操

又把文醜擊斬。《三國志‧魏武帝本紀》說:「良、醜皆紹名將也,再戰悉禽,紹軍大震。」顏良、文醜之死,曹操固然先聲奪人,然而袁軍的主力並沒有動,勝負還是要決一死戰的。

曹操破顏良、文醜之後,回兵官渡。袁紹便進兵陽武(今屬河南原陽縣)。彼此相持,直到這一年八月裡,袁紹才慢慢地進兵,靠著沙堆紮營,從東到西,連綿好幾十里。曹操也分兵和他相持。出兵決戰,曹操的兵不利。袁紹就進攻官渡。在地面上築起土山,地下掘了隧道,要攻破曹操的營。這時候,曹操的兵勢是很危急的。論起防守來,曹操自然有相當的力量,然而兵既比較少,糧食又要完了,眼看著不能支持。

於是曹操寫一封信給後方的荀彧,商議要退兵回許都。當時曹操的兵勢既較袁紹為弱,倘使一動腳,袁紹乘機追擊,是很危險的。所以荀彧的覆信說:「公以至弱當至強,若不能制,必為所乘。」又說:「此用奇之時,不可失也。」這不過說退軍絕無全理,叫他不論什麼險路,到此時也只得拚死幹一幹罷了。

《三國志》上所說的兵謀,大都是靠不住的。這大約因軍機祕密,局外人不得而知,事後揣測,多係附會之談,而做歷史的人所聽見的,也不過是這一類的話之故。獨有荀彧這一封信,據《三國志》本傳注引荀彧的〈別傳〉載曹操表請增加荀彧封邑的表文,曾經鄭重地說及。官文書不能偽造,可以相信其是真的。

我們因此可以窺見當時兵事形勢的一斑。形勢是不得不冒

險了，險卻怎樣冒法呢？那還是只有在兵糧上想法子。當時袁紹有運糧的車子幾千輛到了，曹操派兵襲擊，把它盡數燒掉。然而還不能搖動袁軍，這大約因袁軍糧多，不止這一批之故。到十月裡，袁紹又派車輛出去運糧。這一次，袁紹也小心了，派淳于瓊等五個人帶著一萬多兵去護送。

據《三國志》說，袁紹手下有一個謀士，喚做許攸，性甚貪財，袁紹不能滿足他，許攸便投奔曹軍，勸曹操去襲擊淳于瓊。曹操左右的人都疑心他。只有荀攸、賈詡兩個人勸曹操去。於是曹操帶著馬、步兵五千，貪夜前往。到那裡，已經天明了。淳于瓊等見曹操兵少，直出營門排成陣勢。曹操向前急攻。淳于瓊等退入營內。曹操就直前攻營，把營攻破，淳于瓊等都被殺掉。這一次，曹操大概是捨死忘生，拚個孤注一擲的。

《三國志·魏武帝本紀》說，袁紹聽得曹操攻淳于瓊，對袁譚說道：「我趁這時機，把他的大營打破，他就無家可歸了。」就派張郃、高覽去攻曹操的大營，不能破。後來聽得淳于瓊被殺，張郃、高覽就投降了曹操。

〈張郃傳〉則說：郃聞曹操攻淳于瓊，勸袁紹派兵往救。郭圖說不如去攻曹操的大營。張郃說：曹操的營很堅固，攻他必不能破。袁紹不聽，而聽了郭圖的話，只派些輕騎去救淳于瓊等，而遣張郃和高覽去攻曹操的大營。果不能破，淳于瓊等卻被曹操殺了。郭圖覺得慚愧，反對袁紹說：「張郃等聞兵敗而喜。」郃等因此畏懼，就去投降曹操。這些話，也都是不實的。

　　淳于瓊屯兵之處，名為烏巢，離袁紹的大營只有四十里。
倘使來得及救援，袁紹不是兵少分撥不開的，何難一面派兵
去攻曹操的大營，一面再多派些兵去救淳于瓊等？曹操的兵不
過五千，淳于瓊等的兵已有一萬，袁紹倘使再派馬兵五千名
去，也比曹操的兵加出三倍了，何至於還不能敵？倘使還不能
敵，相隔四十里，續派大兵何難？何至淳于瓊等還會被殺？可
見曹操的攻淳于瓊，是疾雷不及掩耳的。他所以只帶馬、步兵
五千，正因兵多容易被人覺察之故。然則當時淳于瓊等被攻的
消息達到袁紹的大營時，怕早已來不及救援。派張郃、高覽去
攻曹操的大營，也不過無聊的嘗試而已。袁紹連營數十里，而
曹操能分兵和他相持，其兵數雖不如袁紹之多，亦必不能甚
少。曹操攻淳于瓊等，不過抽去五千人，何至於大營就不能守
呢？據此看來，可見歷史上所傳的情節，多非其真，讀書的人
不可不自出手眼了。

　　淳于瓊等既破，張郃復降，據《三國志》說：袁紹的兵就
因此大潰，袁紹和袁譚都棄軍而走，曹操大獲全勝。這大約因
袁紹的兵屯紮日久，銳氣已挫，軍心又不甚安寧，遂至一敗而
不可收拾。曹操的攻淳于瓊，固然有膽氣，也只是孤注一擲之
舉，其能耐，倒還是在歷久堅守、能挫袁軍的銳氣上見得。軍
事的勝敗，固然決於最後五分鐘，也要能夠支持到最後五分
鐘，才有決勝的資格。

　　《三國志·袁紹傳》說：袁紹未出兵之前，田豐勸他分兵

多枝，乘虛迭出，曹操救左則擊其右，救右則擊其左，使其軍隊疲於奔命，百姓亦不得安業，不要和他決勝負於一旦。袁紹不聽；顏良、文醜被殺之後，沮授又說：北兵數多而不及南兵之精，南兵糧草缺乏，財力不及北兵的充足，所以南軍利在速戰，北軍利在緩戰，宜用持久之計。袁紹又不聽，以至於敗。這兩說也不確實。

田豐的話，袁紹固然沒有聽，然而袁紹從四月裡和曹操相持，直到八月裡才進攻曹營，可謂已充分利用持久之計。當時曹操因軍糧垂盡，議欲退還許都，就是袁紹持久之計的效驗；不幸曹操的兵，實在堅固難於動搖，以致功敗垂成罷了。至於袁紹既進兵，還是用穩紮穩打之博學計，則本來並不冒險，田豐之計聽不聽也無甚關係。所以說歷史上的話，總是不可盡信，我們讀書非自出手眼不可的。

袁紹兵敗之後，當時北強南弱之勢，遂變為南強北弱。然亦不過南強北弱而已，說曹操的兵力就可以一舉而掃蕩袁紹，那還是不夠的。當時曹操乘勢追擊，冀州郡縣多有投降曹操的。然袁紹回去之後，收合散兵，就又把降曹的郡縣收復了。曹操的用兵是最精銳不過的，倘使力足掃蕩河北，豈肯中途停頓？可見袁紹的兵力也還足以自守。不但如此，當袁紹未敗之時，還分兵給劉備去攻略汝南（漢郡，治平輿，今河南汝南縣）。汝南降賊龔都等就做了他的內應。可見袁紹對於擾亂曹操的後方，亦很注意。不過大軍既敗，此等遊軍就無甚用處罷了。

　　曹操既不能掃蕩河北，就回兵許都。旋又出兵南征。劉備就逃奔劉表，龔都等都逃散了。這是建安六年（公元二〇一年）冬天的事。七年（公元二〇二年）春天，曹操又進兵官渡。這一年五月裡，袁紹病死了。手下的人立了他的小兒子袁尚，因此和袁譚兄弟失和。然而曹操進攻，還沒有能夠竟把他打平。到建安八年（公元二〇三年）五月，曹操已把攻取河北之事，暫時擱起，回兵許都，八月裡，出兵南征劉表了。

　　袁譚和袁尚，卻因曹兵退去，自相攻擊。袁譚被袁尚打敗了，派人求救於曹操。曹操見機會不可失，才再回兵攻取河北。從建安九年（公元二〇四年）二月裡攻擊袁尚的根據地鄴城（漢鄴縣，今河南臨漳縣），到八月裡才攻下。袁尚是本來在外面的，逃到中山（今河北定縣）。此時袁譚已乘機占領了冀州的東部，就去攻擊袁尚，袁尚逃到故安（漢縣，今河北易縣東南）去，依靠袁熙。曹操突然又和袁譚翻臉了。建安十年（公元二〇五年），在南皮縣（今河北南皮縣）地方把他攻殺。袁熙、袁尚逃入烏丸。

　　烏丸亦作烏桓，乃是一種異民族，在現今熱河、遼寧境內的，屢次侵犯邊界。建安十一年（公元二〇六年），曹操籌劃出兵去征伐他，在現在河北的東北境闢了兩條水路，以便運糧。十二年（公元二〇七年）七月裡出兵，因沿海大水，道路不通。先是劉虞被公孫瓚所殺，他手下的田疇，立意要和他報仇，就帶著宗族，入居徐無山中（在今河北遵化縣西）。避難的人民

依附他的很多。田疇替他們立起章程，申明約束，居然很有條理，北邊都很信服他。曹操出兵時，把田疇也招羅在軍中。田疇說：舊北平郡之北，本來有一條路，出盧龍塞到柳城去的（這是從今遵化向東北出龍井關的路。柳城，漢縣，在今遼寧興城縣西南）。從後漢以來，路絕不通，然而還有些痕跡。倘使從這一條路出兵，攻其不備，一定可大獲全勝的。曹操聽了他的話，就從這條路出去。果然一戰而殺了三個烏丸的酋長，剩下來一個，和袁熙、袁尚逃到遼東。當時的遼東太守是公孫康，也是要據地自立的，袁熙、袁尚的資格豈能服從他？所以有人勸曹操進兵遼東，曹操就逆料他們不能相容，逕從柳城回兵。果然公孫康把袁熙、袁尚的頭送來了。到此，袁氏才算全滅。

從建安四年袁曹交兵至此，前後共歷九年，和曹操的破陶謙、呂布、袁術等，前後不過兩三年的，大不相同。所以說袁紹確是曹操的一個勁敵。

赤壁之戰的真相

　　赤壁之戰，是三國史事的關鍵。倘使當時沒有這一戰，或者雖有這一戰而曹操又勝了，天下就成為統一之局而不會三分了。所以這一戰，實在是當時分裂和統一的關鍵。

　　要知道赤壁之戰的真相，先要知道當時曹、劉、孫三方面的形勢。

　　劉備是個有領袖欲的人，他是不甘心坐第二把交椅的。所以當他和曹操聯合破滅呂布之後，他很可以依附曹操，做一個資深望重的大員了。他卻不肯甘心，又和董承勾結，反叛曹操。到被曹操打敗了，則始而投奔袁紹，繼而投奔劉表。這時候，他和曹操業已成為不可復合之勢。簡單明瞭些說，他若再投降曹操，曹操必不能容他，而他也絕不會是真心的。所以他對於曹操，無論兵勢如何，總是要抵抗到底的。

　　至於孫權，情形就大不相同了。我們要說到孫權，又得先說到他的哥哥孫策。孫堅有四個兒子：大的喚做孫策，第二個就是孫權，第三個喚做孫翊，第四個喚做孫匡。孫堅是和袁術聯合的，他死了之後，他的兒子自然是依靠袁術。孫策也是個輕剽勇敢的人，大有父風。袁術看他不錯，就把孫堅手下的人都還了他。他曾替袁術打過好幾次仗，都是勝利的，袁術是個賞罰不明、不能用人的人，派他出去打仗時，允許他戰勝之後如何酬勞他，後來都不能實踐。

　　孫策心中失望，覺得在袁術手下，一輩子沒有出路，就自告奮勇，願去平定江東。江東就是江蘇省裡長江以南的地方，

現在稱為江南，古人卻稱為江東，而把對江之地，稱為江西。古人所說的江南，是現在湖南地方。這是閒話，擱過不提。後漢時，江東西同屬揚州。揚州刺史本來駐紮在壽春，就是現在安徽的壽縣。這時候，壽春給袁術占據了，揚州刺史劉繇只得寄治在曲阿，在現今江蘇省丹陽縣地方。雖然兵力有限，也還能和袁術相持，袁術一時不能吞滅他。到孫策渡江而東，情形就大不相同了。孫策是最剽悍善戰的，一渡江，就把劉繇打敗，劉繇逃到現在江西的湖口，不多時就病死了。於是從江蘇到江西沿江一帶，全成為孫策的勢力範圍。孫策就不再服從袁術，袁術稱帝時，公然寫信和他絕交了。

曹操在這時候，勢力還顧不到江東，而且他和袁術是反對的，自然要拉攏孫策。於是表薦他，加他討逆將軍的稱號，封為吳侯。

建安五年，曹操和袁紹正在隔河相持，孫策也要出兵渡江而北，不想還沒有開拔，就給人家刺死了。你道是為什麼呢？原來當孫策到江東時，有個吳郡太守（後漢分會稽郡所置的郡，治所即今江蘇的吳縣）喚做許貢，密表漢帝，說孫策驍勇，和項籍相像，該把他早些召回中央，不可聽他留在江外，致成後患。孫策是立意要割據一方的，聽得這個消息，很不高興，就把許貢殺掉。許貢的門客，有幾個潛伏在民間，想替許貢報仇。孫策最喜歡打獵，他騎的馬又好，從人都跟隨不上。這一次出去打獵，和許貢的門客狹路相逢，就給他們打傷，回來不久就死了。

　　孫策這一次的出兵，《三國志》本傳說：他是要襲擊許都，迎接漢獻帝的，這也是痴話。曹操是善於用兵的人，雖然和袁紹相持，後方不會無備，上一節中業經說過了。江東離許都，比河北更遠，孫策有多大兵力能去攻襲？別說不能戰勝，能否達到，還是個疑問呢！孫策也是個善於用兵的人，有這樣傻的麼？況且挾著一個天子，實際上並無多大用處，前文也早經說過了。然則孫策的出兵，到底是什麼主意呢？這裡面，卻有一段大家不很注意的故事。

　　當時有個沛相（漢朝的郡和王國，是一樣的等級。王國治民之權在相），喚做陳珪，他是個歸心中央的人，看得呂布和袁術一班人很不入眼。當袁術要想稱帝，又替他的兒子向呂布的女兒求婚時，陳珪怕他們兩人聯合，更難平定，就去遊說呂布，把他破壞了。又叫兒子陳登去見曹操，說呂布勇而無謀，反覆無常，不可相信，要早些設法收拾他。曹操大喜，便拜陳登做廣陵太守（廣陵郡，本治現在的江都，此時陳登治射陽縣，在今淮安東南）。臨別的時候，握著他的手說道：「東方之事，便以相付。」叫他暗中收合部眾，預備做個內應。後來曹操攻呂布時，陳登曾帶著本郡的兵，做曹兵的先驅。呂布滅後，漢朝因他有功，加給他伏波將軍的名號。《三國志‧陳登傳》注引《先賢行狀》，說他在這時候，慨然有吞滅江南之志。孫策的用兵，幾於所向無敵，獨有兩次攻陳登，都是失敗的。孫策心中甚為憤怒。他臨死前的出兵，《三國志‧孫策傳》注引《江表傳》，說

他是想去攻陳登的，這大約是實情。

　　孫策用兵甚銳，這一次大舉而來，假如不死而渡過了江，陳登能否抵抗，自然是一個問題。然而陳登不是像劉繇等武略不濟的人，即使一時失敗，必不至於一蹶不振，總還能收合餘燼，求救於中央，或者和別一支兵馬聯合，和孫氏相持。況且孫策善戰，陳登未必和他野戰，還可用守勢對付呢。所以陳登在廣陵，確是孫氏的一個勁敵。現在孫策北伐未成，先已自斃，那是中央最好的機會了。曹操卻把陳登調做東城太守（漢縣，在今安徽定遠縣東南。此時臨時設置太守）。於是隔江之地，就無能牽制孫氏的人，這是曹操的一個失策。到後來，再臨江而嘆，「恨不早用陳元龍之計（亦見《先賢行狀》。元龍是陳登的字）」，就遲了。

　　孫翊的性質，最和孫策相像。孫策臨死時，張昭等都逆料他要把後事付託給孫翊，他卻把印綬佩在孫權身上，對他說：「舉江東之眾，決機於兩陣之間，與天下爭衡，卿不如我。舉賢任能，各盡其心，以保江東，我不如卿。」這幾句話，不知道真是孫策說的，還是後人附會。孫權足以當之而無愧，卻是實在的。只要看他赤壁戰時任用周瑜，襲取荊州時任用呂蒙，猇亭戰時任用陸遜，就可知道了。孫策雖然長於戰陣，然而平定江東，開創基業，也不是一味勇敢就能辦得到的。或者他亦有些知人之明，所以把後事付託給他罷。孫權繼任之後，一面整理現在江、浙、皖、贛之地，又頻年出兵，攻擊江夏（江夏郡在

今湖北黃岡縣）太守黃祖。到建安十三年（公元二〇八年），把黃祖殺掉。於是孫權的勢力，達到現在湖北省的東南部，再向西，就可到現在的漢口，窺伺江陵和襄陽了。而曹操也在這一年進攻劉表。

劉表的性質，究竟是個文人。他只會坐觀成敗，圖收漁人之利，而不會身臨前敵，去攻城奪地。此等人物，在天下擾亂時亦足以保境息民，偷一時之安，到天下將定時，就沒有立足之地了。建安十三年七月，曹操南征荊州。八月，劉表病死了。他大的兒子喚做劉琦，小的兒子喚做劉琮。劉表和他的夫人蔡氏，都心愛劉琮，要立他為後。劉琦覺得不安，去請教諸葛亮。諸葛亮對他說：「君不見申生在內而危，重耳在外而安乎？」劉琦明白了。恰好黃祖為孫權所殺，就乘機請求外出，做了江夏太守。劉表死後，襄陽一方面立了劉琮。對於曹兵，自然無法抵禦。九月裡，曹操的兵到新野，劉琮就舉州投降了。

這時候，劉備屯駐在襄陽對岸的樊城。他對於曹操，是不能投降，而又無從抵抗的，只得渡過漢水，西南而走。《三國志·先主傳》說：他走過襄陽時，諸葛亮勸他攻擊劉琮，荊州可取。他說：「吾不忍也。」這話也未必確實。當時的襄陽，人心自然不定，攻破他自然是容易的，轉瞬曹操的大兵來了，卻如何能守呢？「諸葛一生唯謹慎」，怕不會出這種主意罷？

劉備於是再向南走。〈先主傳〉說：劉琮的左右和荊州人，歸附他的很多，到當陽時，人眾已有十幾萬了，一天只走十

幾里路。這話或者有些過甚，卻不是毫無影響的。因為要做事業，手下一定要有人。老百姓只要飽食暖衣，安居樂業，誰來管你們爭天奪地的事情？一個光干，到了什麼地方，要發動該地方的民眾替自己戰鬥，絕不是容易的，所以基本的隊伍絕不能棄掉。再加以荊州人不願降北的，其數自有可觀。而兩漢三國時代，去古還近，社會的組織含有大家族的意味較多，做官、從軍和避難的人，往往帶著家族、親戚走，所以其數之多如此。唯其這樣，自然走不快了。

曹操此時，頗有一舉而肅清荊州的決心，於是發輕騎，一日一夜走三百里去追擊他，追到當陽東北的長坂，追上了。劉備自然不能抵抗，就逃向夏口（就是現在的漢口）去依靠劉琦。

這時候的劉備，顯然是日暮途窮。倘使沒有人和他聯合，大約只好逃向現在的湖南。漢時的湖南還未十分發達，在那裡，也決然不能立足的。所以這時候的劉備真是末日將到了。而不期事出意外，卻有個孫權來和他聯合。

論起孫權的資格和他對曹操的關係來，都和劉備大不相同。

劉備雖然屢戰屢敗，始終沒有得到一個地盤，這只是時運不濟；他從靈帝末年起兵，在北方轉戰十餘年，和曹操、二袁、呂布等都是一樣的資格；而且素有英雄之名；當時確亦有一部分人歸向他；所以曹操見了他，確亦有幾分畏懼。

至於孫氏弟兄，雖在江東手創基業，然而當時江東之地，比較上還是無關大局的。所以大家心目中還不甚覺得有這麼兩

個人。《三國志・張昭傳》說，當孫策平定江東時，北方士大夫的信札，還是專歸功於張昭的。〈張紘傳〉說，孫策死時，曹操要乘機伐吳，張紘把他勸止了。曹操才表孫權為討虜將軍，領會稽太守，而以紘為會稽東部都尉（後漢會稽郡治今浙江紹興。都尉是武職，稱為某部都尉的，亦分管一部分之地，有治民之權），要令他「輔權內附」。所謂「輔權內附」，就是運動甚而至於脅迫孫權來投降。孫策死時，北方的問題多著呢，曹操如何會想到去伐吳？這句話也是不確的。但以張紘為會稽東部都尉，欲令「輔權內附」，這句話卻該不誣。當時北方人心目中，看了孫權是怎樣一個人，就可想而知了。曹操破了荊州，就想順流東下，本來犯兵家之忌，賈詡曾經勸止他，而他不聽，大概對於孫權，不免低估了些罷？然其所以低估之故，也是所謂資格限人，是極容易犯的錯誤，怪不得曹操了。

劉表的死耗，達到江東，魯肅便對孫權說：荊州是個緊要的去處，請借弔喪為名，去看看情形。如其劉備和劉表一方面的人沒有嫌隙，我們就得聯合他。如其彼此乖離，就得另打主意。孫權允許了他。魯肅就溯江西上，走到漢口，聽說曹操的兵已向荊州，魯肅也晝夜兼程而進。走到南郡界內，聽說劉琮已降曹操了，劉備向南奔逃，魯肅就逆迎上去，和他在長坂相會，勸劉備和孫權聯合。劉備自然歡喜。而劉備手下的諸葛亮亦說：「事急矣，請奉命求救於孫將軍。」於是魯肅回去覆命，諸葛亮從漢口東行，到現在的九江，和孫權相見。

這時候，在孫權一方面，就要決定降戰之計。據歷史上的記載，是這樣的：孫權聚群下會議，大多數主張迎降。其理由是：（一）曹操託名漢相，和他拒敵，似乎是反抗中央。（二）曹操已得荊州的水軍，又有步兵，水陸並進，並非專靠馬隊，所以長江之險，並不足恃。而其（三）則為眾寡不敵。只有魯肅不開口。孫權出去更衣，魯肅卻跟了出去。孫權知道他有話說，握著他的手道：「你要說什麼呢？」魯肅道：「剛才眾人的議論，是要誤你的，你別要聽他。像我是可以投降曹操的，你卻使不得。為什麼呢？我在你手下，不過做個官兒，投降了曹操，官還是有得做的，你卻怎樣呢？」這幾句話，正合孫權之意，孫權便表示採納。這時候，周瑜因事到鄱陽去，魯肅便勸孫權把他召回，共商降戰之計。周瑜到了，就決定迎戰。他的理由是：（一）北方並未大定，加以關西還有韓遂、馬超，曹操的兵絕不能作持久之計。（二）北方的人不善水戰，荊州的人又非心服。（三）而且大寒之際，缺乏馬草，天時亦不相宜。諸葛亮遊說孫權的話，理由也大致相同，於是孫權就決意聯合劉備，抵抗曹操了。派周瑜、程普為左右督，魯肅為贊軍校尉，去和劉備協力。

當時兩方的兵力：大約北兵是十五六萬，荊州的兵有七八萬，合計共二十餘萬。劉備一方面，合水陸兵共有萬人，劉琦手下的江夏兵，亦有一萬。周瑜、程普的兵，《三國志》上有的地方說各有萬人，有的地方又說共有三萬，大率魯肅手下還

有些人，合計之共有三萬。孫劉之兵，約在五萬左右。兩方的兵力，約係一與五之比。但在地利及軍隊的長技上說，南方的兵卻是占了便宜的，而黃蓋又進火攻之計，就在嘉魚縣赤壁地方，把曹兵打得大敗。

曹操果然不能持久，留曹仁守著江陵，自帶大兵北歸。周瑜又跟著攻擊，曹仁守不住，只得把江陵也放棄了。於是長江流域無復北兵蹤跡，而南北分立的形勢以成。

赤壁之戰，軍事上的勝敗，真相頗為明白，用不著研究。其中只有孫權的決心抵抗曹操，卻是一個謎。讀史的人，都給「操雖託名漢相，實為漢賊」兩句話迷住了，以為曹操是當然要抵抗的，其中更無問題。殊不知這兩句乃是周瑜口裡的話，安能作為定論？何況照我所考據，曹操確係心存漢室，並非漢賊呢？然則孫權決心和曹操抵抗的理由何在？周瑜、魯肅等力勸孫權和曹操抵抗的理由又何在？這係從公一方面立論，從私一方面說，也是這樣的。

赤壁之戰，曹操固然犯著兵家之忌，有其致敗之道，然而孫、劉方面，也未見得有何必勝的理由。自此以後，曹操幸而用兵於關西、漢中，未曾專注於南方。倘使曹操置別一方面為緩圖，盡力向荊州或者揚州攻擊，孫權的能否支持，究竟有無把握呢？孫權和劉備不同。劉備投降曹操，曹操是必不能相容的，所以只得拚死抵抗。孫權和曹操，本無嫌隙，當時假使投降，曹操還要特別優待，做個榜樣給未降的人看的。所以當時

孫權假使迎降，就能使天下及早統一，免於分裂之禍；而以孫權一家論，亦係莫大的幸福；裴松之在《三國志·張昭傳》注裡，早經說過了。然則孫權的決意抵抗，周瑜、魯肅的一力攛掇孫權抵抗，不過是好亂和行險僥倖而已。

《三國志·魯肅傳》說：魯肅初到江東時，回東城葬其祖母（魯肅是東城人），他有個朋友，勸他北歸，魯肅意欲聽他，特到江東搬取家眷，周瑜卻勸他，說從前人的預言，都說「代劉氏者必興於東南」，勸他不要回去。又把他薦給孫權。見面之後，甚為投機。眾人都退了，孫權獨留他喝酒。談論之間，魯肅便說：「漢室不可復興，曹操不可猝除，為將軍計，唯有鼎足江東，以觀天下之釁。」後來孫權稱帝時，「臨壇顧謂公卿曰：昔魯子敬嘗道此，可謂明於事勢矣。」（《三國志·魯肅傳》）《張昭傳》注引《江表傳》又說：孫權稱帝之後，聚會百官，歸功周瑜。張昭也舉起笏來，要想稱頌功德。孫權卻說：「如張公之計，今已乞食矣。」可見自立的野心，孫權和周瑜、魯肅等，早就有之。赤壁之役，孫權聚眾議論降戰時，反說「老賊欲廢漢自立久矣，徒忌二袁、呂布、劉表與孤」，不知帝制自為的，畢竟是誰？事實最雄辯，就用不著我再說了。

劉備取益州和孫權取荊州

　　赤壁一戰，把曹兵打得連江陵都放棄了。此時益州還在劉璋手裡，長江流域就全無北兵的蹤跡；曹操要再圖進取，其勢並不容易；所以說經過這一戰，而南北分立的形勢以成。然而要說三分鼎足，還早呢，因為劉備的地盤太小了。

　　俗話有借荊州之說，說荊州是孫權的，後來借給劉備，這話是胡說的。荊州怎得是孫權的？後漢的荊州，東境到江夏郡為止，孫權直到赤壁之戰這一年，才打破黃祖，還沒有能據有其地，不過擄掠了些人民回去，做江夏太守的，依然是劉琦，怎能說荊州是孫權的呢？按照封建時代的習慣，誰用實力據有土地，就算是誰的，可以父子相傳。如此，荊州該是劉琦的。所以赤壁戰後，劉備便表薦劉琦做荊州刺史。但是話雖這樣說，實際上能據有其地，還是要靠實力的。劉琦荊州刺史的名義，孫權雖不便否認，然而南郡是周瑜打下來的，還會將兵退出交給劉琦麼？況且劉琦也不久就死了。事實上，當時長江從南郡以下，都給孫權的軍隊占據了。劉備則屯兵公安縣，向現在湖南境內發展，把這些地方都打下來了。然而地方畢竟太小，而且湖南在漢時還未甚開發，是不夠做一個地盤的。

　　大家都知道在諸葛亮未出茅廬時，就有所謂隆中（在湖北襄陽縣西，據說是諸葛亮隱居之處）之對，他的意思是：（一）曹操不可與爭鋒；（二）孫權可以聯合而不可以吞併；（三）只有荊州和益州是可以取為地盤的；（四）如其取得了，到天下有事的時候，派一員上將，從襄陽出南陽一路以攻洛陽，而劉備

自己帶著益州的兵，去攻關中，如此，就「霸業可成，漢室可興」了。

這一篇話，近來讀史的人因為它和後來的事實太相像了，疑心它是假的。確實，三國時代所謂謀臣的話，靠不住的太多了。這一篇話，我倒以為無甚可疑的。因為這是當時的大勢如此，不容說諸葛亮見不到。但是荊州從襄陽以北的一部分，還在曹操手裡。沿江一帶的要地，又大半給孫權占去了。劉備在此時，只有覬覦著益州，然而益州是個天險之地，劉璋雖說無用，打進去也不容易。所以劉備在此時，還是局促不能發展。

孫權一方面，卻打什麼主意呢？其中才雄心狠的，第一個要推周瑜。

他的第一條主意，是趁劉備到現在的鎮江去見孫權的時候，把他軟禁起來，而把關羽、張飛等分開了，使他們不能聯合，而在周瑜指揮之下，去和曹操作戰。他這條主意，厲害是厲害的了。然而劉備被軟禁之後，關羽、張飛等能否聽周瑜的調度，卻是一個大問題。軍隊是有系統的，尤其是封建時代的武人，全是效忠於主將的，是個對人關係。只要看曹操極其厚待關羽，而關羽還要逃歸劉備，就可知道。呂布投奔劉備，劉備投奔曹操。在當時，劉備和曹操何難把他的敵人殺掉？不過因他們手下都是有人馬的，一者未免心存利用，二者殺掉了一個人，他手下的還是要和自己反對的，剿撫兩難，所以不得不敷衍、隱忍罷了。倘使當時竟把劉備軟禁起來，關羽、張飛等

怕不但不肯聽周瑜的指揮，還會和他爭鬥起來，鬥而不勝，便降附曹操，圖報故主之仇，也是可能的。所以周瑜這條主意，太狠而不可行。

他第二條主意，便是合孫權的堂房弟兄孫瑜（孫靜的兒子。孫靜是孫堅最小的兄弟）去攻益州。攻取益州之後，留孫瑜守其地，而他自己回來和孫權共鎮襄陽，以圖北方。這條主意，卻比較穩健了，至多攻益州無成，損失些兵馬而已，所以孫權聽了他。

周瑜就回江陵治兵，不想走到半路上病死了。孫權用魯肅代他，帶兵駐紮在陸口（現在的陸溪口，在湖北嘉魚縣西南）。這是建安十五年的事。周瑜是個極端鋒銳的人，魯肅卻穩重了，他是始終主張聯合劉備以抵禦曹操的，所以當他在任時，孫劉方面得以無事。

孫權在這時候，又打了一條主意。派人去和劉備說：要和他共攻益州。劉備和手下的人商量，大家都說可以許他，攻下之後，孫權終不能跨過我們的地方，去據有益州，益州便是我們的了。有一個人，喚做殷觀，卻說：「我們合孫權去攻益州，一定要先行進兵。倘使益州打不進去，退回來，難保孫權一方面的人不截我們的後路，這是很危險的。不如贊成他攻益州，而說我們的地方都是新定，兵不能動，請你自己去打罷。」如此一來，劉備倒好截孫權的兵的後路了，孫權自然也不會上當，就終於沒有動兵。

在這種情勢之下，益州本來可以偷安，不料劉璋卻自己把劉備請進去了。你道是怎樣一回事？原來劉焉從占據益州以來，始終和本地的人民不甚相合。他曾殺州內的豪強十幾個人，以立威嚴。又招致了關中和南陽一帶流亡的人民數萬家，用其人為兵，稱為東州兵，不免要欺凌本地人，所以本地的小百姓也不歸附他。劉焉死後，他的兒子劉璋繼位，有一個將官喚做趙韙的，就舉兵造反。幸而東州兵想到自己的地位，全是依靠劉璋的，替他出力死戰，總算把趙韙打平。然而這樣上下離心，到底不是一回事。外面沒有問題時，還可以苟安，有什麼變動就難了。

建安十六年（公元二一一年），曹操要去攻張魯。這個消息傳到益州，劉璋手下的張松，就對劉璋說：「漢中是巴蜀的門戶。倘使曹操占據了漢中，巴蜀就都危險了。而且蜀中諸將，像龐羲、李異等，都是靠不住的。劉備是你的同宗，善於用兵，又和曹操是冤家，不如招致他來，使他攻取張魯，如此，曹操就不足慮了。」劉璋頗以為然，就派一個人名喚法正的，帶著四千名兵去迎接劉備。這時候，張魯本來不聽劉璋的命令。劉璋之意，大概以為把漢中送給劉備，自己是不吃虧的，而劉備是不會投降曹操的，得他和自己把守北門，就可以不怕曹操了，原也不是沒有打算。

然而天下沒有好人，劉備進了益州之後能否聽自己的命令呢？這一層，劉璋卻沒有打算到。張松、法正等都是些傾危之

士，不恤賣主求榮的，就勸劉備奪取益州。劉備聽了，正中下懷，便隨法正入川。劉璋自到涪縣（今四川綿陽縣），和他相見。添給他許多兵馬，還給了許多糧餉財帛，使他督率白水關（注：今屬四川廣元縣）的兵北攻張魯。劉備此時，共有兵馬三萬，他卻不攻張魯，住在葭萌縣地方（在四川昭化縣東南），大施恩惠，以收人心。當劉備和劉璋在涪縣相會時，張松、法正和劉備手下的龐統，都勸他就在會上襲取劉璋。這樣事出倉卒，川中的軍民如何會服呢？所以劉備不聽他們。

曹操想西攻張魯，還沒有進兵，卻因此引起了韓遂、馬超等的反叛。曹操親自西征，雖然把他打破了，然而進攻張魯之事，卻亦因此而未能實行。

到建安十七年（公元二一二年）十月，曹操又自己帶兵去攻孫權。劉備就對劉璋說：孫權差人來求救，我和他本來是互相唇齒的，不得不去救。況且關羽正在和樂進相持，倘使不去救，關羽敗了，益州一方面也是要受到騷擾的。張魯是只會自守，不足為慮的。請劉璋再借一萬名兵，和軍資器械，要想東還。劉璋給了他四千名兵，其餘的東西都減半發給。這在劉備不過是借端需索，原未必真個東還，張松聽得，卻發急了，寫封信給劉備，說大事垂成，何可舍之而去？張松的哥哥張肅，見他如此私通外敵，怕他連累於己，便把他舉發了。劉璋便收斬張松。發命令給各關的守將，叫他們不得再和劉備往來。

劉備就借端裝作發怒。龐統替他出了三條計策：上策是陰

選精兵，逕襲成都。中策是裝做真個要東行，待白水關守將楊懷、高霈來送行時，把他捉住，吞併其兵，再行進攻成都。下策是退還白帝城（在四川奉節縣東北），連合荊州的兵，再打主意。上策還是和在會所襲取劉璋一樣的，縱然解決了劉璋一個人，全川軍民不服，還是要發生問題。看似解決得快，其實並不是真快，甚而至於枝節更多；至於下策，則竟是把入川的機會放過了；所以劉備採用了他的中策。趁楊懷、高霈來見，把他們拘留起來，劉備進了白水關，把關中的兵都收編了，而將其家屬留作人質，進據涪縣。劉璋派兵抵禦，都非敗即降。劉備進圍雒縣（今四川廣漢縣），這雒縣是劉璋的兒子劉循守的，到底利害切身，守了一年，直到建安十九年（公元二一四年）夏天才破，劉備就進攻成都。劉璋自知無力抵禦，守了幾十天，就投降了。於是劉備取得了益州，諸葛亮隆中的計畫，達到了一半。

建安十七、十八兩年，劉備和劉璋爭持，馬超也仍在關中反叛，所以曹操一方面進攻張魯之事，始終未能實現。曹操這時候，是留夏侯淵在關中作戰的。到建安十九年，劉備攻破了成都，夏侯淵也徹底剷除了馬超，而且連涼州都打平了。

到建安二十年（公元二一五年）三月，曹操就又進攻張魯。這時候，孫權也派人去向劉備索取荊州。荊州該屬於孫權的理由，是沒有的。孫權的討取，大概是像近代各軍隊一般，向人要求多讓些防地給自己罷了。劉備當時大概也藉口於軍隊的給

養還是不夠，就說等我得到涼州，再把荊州給你。孫權大怒，使呂蒙進占現在湖南的東部。劉備入川時，諸葛亮等一大班人本來都留在荊州的。後來劉備和劉璋翻臉，諸葛亮、張飛、趙雲等，也沿著長江，打進四川，只留關羽一個人在荊州了。這時候，關羽也帶兵到了現在湖南的益陽，劉備則統兵五萬，從公安而下，打算和孫權方面爭執一番。旋聽得曹操攻漢中，乃和孫權平和解決，把荊州東西劃分，從江夏向南屬孫權，從南郡向南屬劉備。劉備一方面派關羽駐紮在江陵。孫權一方面仍派魯肅駐紮在陸口。江陵本是周瑜的防地，此時卻正式屬於劉備。所以這一個分劃，劉備是占了些便宜的。劉備急急回川，聽說張魯已給曹操打敗了，逃向巴中（漢朝的巴郡，治今四川江北縣。劉璋分置巴東、巴西兩郡，巴東治今奉節縣，巴西治今閬中縣）來，疾忙派人去迎接。誰知張魯已經投降曹操了。曹操此時，仍留夏侯淵在漢中，派張郃幫助他。張郃便進犯巴中。倘使巴中失守，西川和荊州的交通，豈不被曹操截斷？幸得張飛把張郃打敗，退回漢中。

建安二十二年（公元二一七年），魯肅死了，孫權派呂蒙繼任。呂蒙的性質，是和周瑜相像的。他主張派一支兵駐紮江陵，一支兵進駐白帝，再派一支兵沿江游弋，作為應援，而自己則進據襄陽。如此，自然非奪取荊州不可。孫權又和他商量：到底是奪取荊州的好，還是奪取徐州的好？他說：「徐州不難奪取，但其地係平原，利於馬隊，非用七八萬兵不能守，不如

奪取荊州，全據長江，在軍隊的長技上，是利於南而不利於北的。」孫權很以為然。於是孫權一方面，奪取荊州的計畫已定，只是待時而動；而劉備一方面，卻沒有知道。

建安二十三年（公元二一八年），劉備聽了法正的話，進兵漢中。曹操也親自西征，到了長安。

二十四年（公元二一九年），劉備在沔縣東南的定軍山，把夏侯淵擊斬。曹操親自進兵。劉備收兵守住險要，始終不和他交鋒。曹操無可奈何，五月裡，只得退兵。於是劉備又據有漢中，非常得意了。然而荊州方面，卻就要有失意之事。

原來這時候，曹操方面，在荊州和關羽相持的是曹仁，屯兵樊城。建安二十三年十月，南陽守將侯音叛降關羽，曹仁回兵將他攻圍，到二十四年正月裡，把南陽攻破，把侯音殺掉了，而關羽亦於這一年進兵攻圍樊城。七月裡，曹操派于禁去助曹仁。八月，漢江水漲，于禁為關羽所擒。這時候，曹操一方面兵勢頗為吃緊。大約因一部分兵還在關中，再調救兵，倉卒不易齊集，而且不免騷擾之故。我們試看當時曹操再派去救曹仁的徐晃，就是從關中調出來的可知。此時北方無釁可乘，那裡就能實行諸葛亮隆中之對，荊益兩州同時並舉？劉備使關羽出兵，大概意思還是重在關中方面，使他牽制曹操的兵力的。曹操的兵既已從漢中退出，進兵的目的可謂業已達到，即使曹操方面不再多派救兵來；孫權方面不因此而議其後；而頓兵堅城之下，也是兵家所忌，所以關羽這時候，究竟應該退

兵？還是該決意攻取樊城？也是要斟酌的，而關羽執意不回，且因孫權方面更換守將，而把後方的兵調赴前線，就不能不說他勇敢有餘，謹慎不足了。

孫權一方面，既然決意奪取荊州，這時候自然是一個好機會。於是呂蒙密啟孫權，說關羽還留著好些兵在後方，大約是防我的。我時常多病，請詐稱有病，回建業調養，等他放心些，好把後方的兵調赴前敵。孫權應允了他，呂蒙就回見孫權，保舉陸遜，「意思深長，才堪負重，而未有遠名，非羽所忌」，請用他做自己的後任。孫權也聽了他。陸遜到任之後，寫了一封信給關羽，辭氣之間極其謙下。關羽果然放下了心，把後方的兵逐漸調赴前線。孫權乃親自西行，派呂蒙做前鋒，去襲取荊州。呂蒙到了九江，把精兵都伏在船裡，裝作商船的樣子西上。走過江邊關羽設有斥候隊的地方，把斥候兵都捆捉了。所以孫權的兵西上，荊州不能早得消息。然而倘使關羽的後方沒人叛變，總還有些抵抗力的。而守江陵的麋芳，守公安的士仁（《三國志‧吳主、呂蒙傳》和楊戲〈季漢輔臣贊〉都作士仁，唯〈關羽傳〉作傅士仁，傅怕是衍字），又都和關羽不和，聽見孫權的兵來，都投降了。於是關羽只得退兵。呂蒙既進江陵，約束軍士，絲毫不得侵犯人民。對於跟隨關羽出征的人的家屬，尤其保護得周到。關羽的軍心，就因此而亂，逐漸散去。關羽走到當陽東南的麥城，孫權派人去招降他，關羽詐稱投降，帶著十幾個人逃走，被孫權伏兵所殺。

關羽這個人，是有些本領的，我們不能因他失敗而看輕他。何以見得他有本領呢？一者，你留心把《三國志》看，自劉備用兵以來，不分兵則已，倘使分兵，總是自己帶一支，關羽帶一支的，可見他有獨當一面的才略。二者，劉備從樊城逃向江陵時，是使關羽另帶一支水軍到江陵去的，後來和劉備在夏口相會。北方人是不善水戰的，赤壁之戰，曹操尚以此致敗，而關羽一到荊州就能帶水軍，亦可見其確有本領。至其在下邳投降曹操後，曹操待他甚厚，而他還是不忘故主；卻又不肯辜負曹操的厚意，一定要立些軍功，報答了曹操然後去，也確有封建時代武士的氣概。後人崇拜他固然過分，我們也不能把他一筆抹殺了的。可是他的久圍樊城，在軍略上終不能無遺憾；而《三國志》說他「善待卒伍而驕於士大夫」，麋芳、士仁之叛，未必不由於此，也是他的一個弱點。

關羽的敗，是劉備方面的一個致命傷。因為失去荊州，就只剩得從益州攻關中的一路，而沒有從荊州向南陽攻洛陽的一路了。從漢中向關中，道路是艱難的；魏國防守之力，亦得以專於一面；後來諸葛亮的屢出而無成，未必不由於此。所以說這是劉備方面的致命傷。

這件事情，如其就事論事，關羽的剛愎而貪功，似應負其全責。如其通觀前後，則劉備的急於併吞劉璋，實在是失敗的遠因。倘使劉備老實一些，竟替劉璋出一把力，北攻張魯，這是易如反掌可以攻下的。張魯既下，而馬超、韓遂等還未全

敗，彼此聯合，以擾關中，曹操倒難於對付了。劉備心計太工，不肯北攻張魯，而要反噬劉璋，以至替曹操騰出了平定關中和涼州的時間，而且仍給以削平張魯的機會。後來雖因曹操方面實力亦不充足，仍能進取漢中，然本可聯合涼州諸將共擾關中的，卻變做獨當大敵。於是不得不令關羽出兵以為牽制，而荊州喪失的禍根，就潛伏於此了。

不但如此，劉備猇亭之敗，其禍機實亦潛伏於此時。為什麼呢？伐吳之役，《演義》上說劉備和關羽、張飛是結義兄弟，他的出兵，是要替義弟報仇，這固然是笑話，讀史的人說他是忿兵，也未必是真相的。因為能做一番事業的人，意志必較堅定，理智必較細密，斷不會輕易動於感情。況且感情必是動於當時的，時間稍久，感情就漸漸衰退，理智就漸漸清醒了。關羽敗於建安二十四年，劉備的征吳，是在章武元年（公元二二一年）七月，章武元年，就是建安二十六年，距離關羽的失敗已經一年半了，還有輕動於感情之理麼？然則劉備到底為什麼要去征吳呢？我說：這個理由，是和呂蒙不主張取徐州而主張取荊州一樣的。大約自揣兵力，取中原不足，而取荊州則自以為有餘。當時趙雲勸他，說國賊是曹丕不是孫權，伐吳之後，兵連禍結，必非一時能解，就沒有餘力再圖北方了。這句話，劉備是不以為然的，所以不肯聽他。而他的不以為然，並不是甘心兵連禍結，和吳人曠日持久，而是自以為厚集其力，可一舉而奪取荊州。殊不知吳蜀的兵力，本在伯仲之間，荊州既失，斷

無如此容易恢復之理。曠日持久，就轉招致猇亭的大敗了。然其禍根，亦因急於要取益州，以致對於荊州不能兼顧之故。所以心計過工，有時也會成為失敗的原因的，真個閱歷多的人，倒覺得凡事還是少用機謀，依著正義而行的好了。

替魏武帝辨誣

　　我現在，要替一位絕代的英雄辨誣了，這英雄是誰？便是魏武帝。

　　現在舉世都說魏武帝是奸臣，這話不知從何而來？固然，這是受《演義》的影響，然而《演義》亦必有所本。《演義》的前身是說書，說書的人是不會有什麼特別的見解的，總不過迎合社會的心理；而且一種見解，不是和大多數人的心理相合，也絕不會流行到如此之廣的；所以對於魏武帝的不正當的批評，我們只能認為是社會的程度低下，不足以認識英雄。

　　魏武帝的為人，到底是怎樣的呢？這只要看建安十五年十二月己亥日他所發的令，便可知道。這一道令，是載在〈魏武故事〉上面，而見於現在的《三國志注》裡的。他的大要如下：

　　魏武帝是二十歲被舉為孝廉的。他說：「我在這時候，因為我本不是什麼有名聲的人，怕給當世的人看輕了，所以希望做一個好郡守。」的確，他後來做濟南相，是很有政績的，但因得罪了宦官，又被豪強所怨恨，怕因此招致「家禍」，就託病辭職了。

　　辭職的時候，他年約三十歲。他說：「和我同舉孝廉的人，有年已五十的，看來也不算老，我就再等二十年，也不過和他一樣，又何妨暫時隱居呢？」於是他就回到他的本鄉譙縣，在城東五十里，造了一所精舍（精舍是比較講究的屋子。漢時讀書的人，往往是住在精舍裡的），想秋夏讀書，冬春射獵，以待時之清。這可見得他的志趣，很為高尚，並不是什麼熱衷於富貴利

達的人；而他在隱居之時，還注意於文武兼修，又可見得他是個有志之士。

後來他被徵為都尉，又升遷做典軍校尉，這是武職了。他說：「我在這時候，又希望替國家立功，將來在墓道上立一塊碑，題為漢征西將軍曹侯之墓。」

不想朝政昏亂，並不能給他以立功的機會，而且還釀成了董卓之亂。他在這時候，就興起義兵，去討伐董卓。他說：「我要合兵，是能夠多得的，然而我不願意多，因為怕兵多意盛，和強敵爭衡，反而成為禍始。所以和董卓打仗時，兵不過數千；後來到揚州募兵，也以三千為限。」

後來在兗州破降黃巾三十萬，這是他生平做大事業之始。他又敘述他破平袁術、袁紹、劉表的經過，說：「設使國家無有孤，不知當幾人稱帝？幾人稱王？」這句話，我們也不能不承認他是實話。

下文，他就說：「人家見我兵勢強盛，又向來不信天命（這是說做皇帝全憑本領、勢力），或者疑心我有篡漢的意思，這是我耿耿於心的。從前齊桓公、晉文公所以為後人所稱道，就因為他兵勢強盛，還能夠事奉周朝之故。周文王有了天下三分之二，還能夠事奉殷朝，孔子稱他為至德，我難道不想學他麼？」他又引兩段故事：

一段是戰國時的樂毅。當戰國時，燕國曾為齊國所滅，後來總算復國。這時候的燕王，諡法喚做昭王。他立意要報仇，

任用樂毅，打破了齊國，攻下了七十多座城池。齊國只剩得兩個城，眼見得滅亡在即了。樂毅因為要齊國人心服，不肯急攻。不想燕昭王死了，他的兒子燕惠王即位，素來和樂毅不睦，便派人去替代他。這時候，樂毅如回到燕國去，是必然要受禍的，樂毅就逃到趙國。樂毅去後，軍心忿怒，齊國的名將田單，就趁此將燕兵打敗，把齊國恢復過來了。後來趙王要和樂毅謀算燕國，樂毅伏在地上，垂著眼淚道：「我事奉燕昭王，和事奉大王是一樣的。我如其在趙國得罪，逃到別國去，我是終身不敢謀算趙國的奴隸的，何況燕昭王的子孫呢？」

又一件是秦朝蒙恬的故事。蒙恬的祖父，喚做蒙驁；父親喚做蒙武，都是秦國的軍官。蒙恬是替秦始皇造長城，帶著兵，在現在陝西的北部防匈奴的。秦始皇死後，兒子二世皇帝即位，要殺掉蒙恬。蒙恬說：「從我的祖父到我，在秦朝算做可以信託的臣子，已經三代了。我現在帶兵三十多萬，論起我的勢力來，是足以造反的。然而我寧死而不肯造反，那一者是不敢羞辱了祖父，二者也是不敢忘掉前代的皇帝啊！」蒙恬就自殺了。

魏武帝引此兩段故事，說：「我每讀到這兩種書，未嘗不愴然流涕。從我的祖父以至於我，受漢朝皇帝的信任三代了，再加上我的兒子，就不止三代了，我何忍篡漢呢？我這些話，不但對諸位說，還對我的妻妾（魏武帝的妻，自然不會再嫁的，下文的話，實在是專對妾說的；不過一個字有時候不能成功一個

詞，就往往連用一個不相干的字。這一個字的意義，是當它沒有的，不過取這一個音，以足成語調罷了。這一個例子，在古書中很多，古人謂之「足句」；足字也寫做挾字。如《易經》上「潤之以風雨」，雨可以潤物，風是只會使物乾燥的，這風字就等於有音而無義。就是其一個例子）說。我又對她們說：我死之後，你們都該再嫁，想她們傳述我的心事，使人家都知道。雖然如此，要我放下兵權，回到武平國（武平是漢朝的縣，就是現在河南的鹿邑縣）去，卻是勢所不能的。一者怕離了兵權，被人謀害，要替自己的子孫打算；再者，我如其失敗，國家也有危險的；所以我不能慕虛名而受實禍。從前朝廷封我三個兒子做侯，我都力辭不受，現在倒又想受了。並不是還要以此為榮，不過要自己的兒子多建立幾個國家在外，為萬安之計罷了。」

令文所說，大略是這樣。西洋的學者說：「政治不是最好的事情。」因為政治本來是社會上有了矛盾然後才有的，所以政治家所對付的，全是些貪婪、強橫、狡詐的人，毫無手段是不行的。一個大政治家往往是一時代大局安危之所繫。因為政治總是把這一種勢力去壓服那一種勢力的，這雖然不必是戰爭，其性質實和戰爭無異。

政治上的首領，就和軍中的主將一般，失掉了他，陣容是會散亂，甚而至於要崩潰的。所以一個政治上的首領，往往是敵方危害的對象。魏武帝說：「我失敗了，國家也要有危險。」這句話，是不能不承認其有真實性的。

　　有人說：既然如此，所謂政治，總不過是把這一種勢力，去壓服那一種勢力罷了，和不參加政治鬥爭的人，根本沒有關係，又何必去幫這一方面壓那一方面呢？殊不知政治的鬥爭雖非人人所能直接參加，政治的好壞是人人要受其影響的，並不能置諸不管。而各個人，只要能明於政治的好壞，也並不要丟掉自己的事情去做政治工作，只要站在自己的本位上，對於當時的政治家，或者幫助，或者制裁，就很可以決定他們的勝負了。因為政治看似另一件事情，實在是用社會的力量做基礎，而多數人合計起來，其力量是非常偉大的。政治固然是兩個階級的鬥爭，然在一定時期內，總必有一個階級，是代表國利民福的，我們於此，就不可漫無別白了。

　　政治上的鬥爭，既然和軍隊作戰一般，則不但對於敵黨的手段，有時是不得不然，即對於本黨，亦是如此，因為要整頓陣容，就不能不把有害於團結的人除去，這正和軍隊裡要講軍紀一樣。所以政治家的功罪，只能問其根本上的主義如何，並不能撿拾著這一件事，或那一件事，用簡單淺短的眼光去評論。譬如魏武帝的殺伏皇后，就是一個例子。這件事情，在建安十九年，據《三國志》說，是伏皇后曾寫信給他的父親伏完，說漢獻帝因董承被殺，怨恨魏武帝，話說得很醜惡，這時候，這封信發覺了，所以魏武帝把伏皇后殺掉。

　　這句話很可疑。凡做一番大事業的人，總是有人說好，有人說壞的，根本上沒法子使個個人都說好，所以做大事業的

人，總是把毀譽置之度外的。魏武帝難道是怕人家謗毀的人？要是有一封信說他的壞話，就要發怒而殺人，那他生平，不知道要殺掉多少人才夠？所以當時的伏皇后，必是另有什麼政治上的陰謀的，斷不會因一封信罵魏武帝而被殺。至於說漢獻帝因董承被殺而怨恨魏武帝，則董承並不是公忠可靠的人，我在第九節裡，已經說過了。

《三國志》注引〈曹瞞傳〉說：魏武帝派華歆帶兵進宮去收捕伏皇后。皇后關了門，躲在牆壁裡。華歆打壞了門，把牆壁也毀掉，將皇后牽了出來。這時候，獻帝正和御史大夫郗慮同坐。皇后走過他的面前，握著他的手道：「你不能救活我了麼？」獻帝說：「我的性命，亦不知道在什麼時候。」又對郗慮說：「郗公！天下有這樣的事麼？」這些話，一望而知其是附會之談，寫《後漢書》的人，卻把它採入〈伏皇后本紀〉裡。於是後來的人，以為它見在正史上，一定是可靠的，編纂歷史的人，也都採取他，就成為眾所共信的事了。〈曹瞞傳〉又說，伏完和他的宗族，死的有好幾百個人。其實伏完是死在建安十四年的，離這時候已有五年了。即此一端，亦見得〈曹瞞傳〉的不足信。

所以我說伏皇后的被殺，是一定另有政治上的陰謀的，不過其真相不傳於後罷了。假定伏皇后的被殺，是別有陰謀，則魏武帝一身，既然關係大局的安危，自不得不為大局之故而將她撲滅。這正和帶兵的不能因軍中有一群人反對他而即去職，或自殺，置軍隊的安危於不顧一樣。老實說：立君本來是為民

123

的。如其本來的君主，因種種原因不能保護國家和人民，而另有一個能夠如此，則廢掉他而自立，原不算錯，而且是合理的，因為這正是合於大多數人的幸福的呀！然而魏武帝當日，還始終不肯廢漢自立，這又可見得他濡染於封建時代的道德很深，他對於漢朝，已經是過當的了。

後人誣枉魏武帝要篡漢的，是因為下列這幾件不正確的記載：

其（一）《三國志‧荀彧傳》說：建安十七年，董昭等說魏武帝應該進爵為公，把這件事情和荀彧商量，荀彧說：「魏武帝本來是興起義兵，以匡輔漢朝的，不宜如此。」魏武帝因此心不能平，荀彧就憂愁而死。荀彧死的明年，就是建安十八年，魏武帝就進爵為魏公了。這話也明是附會。魏武帝真要篡漢，怕荀彧什麼？況且進爵為魏公，和篡漢有什麼關係？他後來不還進爵為魏王麼？

其（二）是建安二十四年，孫權要襲取荊州，《三國志》注引《魏略》說：他上書稱臣，而且稱說天命，說魏武帝該做皇帝。魏武帝把信給大家看，說「是兒欲踞吾著爐火上邪！」踞是放肆的行為。魏武帝比孫權，自然輩行在先，所以稱他為是兒，就是說這個小孩子。爐火上是危險之處。他說：這個小孩子，要使得我放肆了而住在危險之處，這明明是不肯做皇帝的意思。《三國志》注又引《魏氏春秋》說：夏侯惇對魏武帝說：「從古以來，能夠為民除害，為人民所歸向的，就是人民之主。您的功勞和德行都很大，該做皇帝，又有什麼疑心呢？」魏武帝

說：「若天命在吾，吾為周文王矣。」這正和他建安十五年的令引齊桓公、晉文公、周文王來比喻自己是一樣，正見得他不肯篡漢。後來讀史的人，反說他是開示他的兒子，使他篡漢，豈非夢囈？篡漢本來算不得什麼罪名，前文業經說過了。

然而始終執守臣節，不肯篡漢，卻不能不說是一種道德。因為不論哪一種社會，總有一種道德條件，規定了各人所當守的分位的。這種條件合理與否，是一件事，人能遵守這條件與否，又是一件事。不論道德條件如何陳舊，如何不合理，遵守他的人，總是富於社會性的。所以遵守舊道德條件的人，我們只能說他知識不足，不能說他這個人不好。因為道理的本質，總是一樣的呀！魏武帝的不肯有失臣節，我們看他己亥令之所言，勤勤懇懇，至於如此，就可見得他社會性的深厚了。

魏武帝的己亥令，還有可注意的兩端：

其（一）是他怕兵多意盛，不敢多招兵，這正和後世的軍閥，務求擴充軍隊，以增長自己權力的相反。分裂時代的爭鬥，其禍源都是如此造成的。

其（二）是他老老實實說：我現在不能離開兵權，怕因此而受禍，不得不為子孫之計。又老老實實承認：想使三個兒子受封，以為外援。這是歷來的英雄，從沒有如此坦白的。天下唯心地光明的人，說話能夠坦白。遮遮掩掩，修飾得自己一無弊病的人，他的話就不可盡信了。現代的大人物，做自傳的多了，我們正該用這種眼光去判別他。

《三國志‧郭嘉傳》說：嘉死之後，魏武帝去弔喪，異常哀痛。對荀攸等說：「你們諸位的年紀，都和我差不多，只有郭奉孝最小。我想天下平定之後，把事情交託給他，想不到他中年就死了。這真是命呀！」可見得他的本意，在於功成身退，後來不得抽身，實非初意，至於說他想做皇帝，或者想他的兒子做皇帝，那更是子虛烏有之談了。人生在世，除掉極庸碌之輩，總有一個志願。志願而做到，就是成功，就是快樂。志願而做不到，看似失敗，然而自己的心力，業經盡了，也覺得無所愧怍，這也是快樂。志願是各人不同的，似乎很難比較。然而其人物愈大，則其志願愈大，其志願愈大，則其為人的成分愈多，而自為的成分愈少，則是一定不移的。哪有蓋世英雄，他的志願只為自己為子孫的道理？說這種話的人，正見得他自己是個小人，所以燕雀不知鴻鵠之志了。

封建時代，是有其黑暗面，也有其光明面的。其光明面安在呢？公忠體國的文臣，捨死忘生的武士，就是其代表。這兩種美德，魏武帝和諸葛武侯，都是全備了的。他們都是文武全才。兩漢之世，正是封建主義的尾聲，得這兩位大人物以結束封建時代，真是封建時代的光榮了。

從曹操到司馬懿

在晉朝五胡亂華的時候，有一個胡人，喚做石勒，據歷史上記載，他有這樣一段事情。有一次，他喝酒喝得醉了，對一個人喚做徐光的說道：「我可同前代哪一位開基的皇帝相比？」徐光恭維他道：「你比漢高祖、魏武帝都強。只有古代的軒轅皇帝，可以和你相比。」石勒笑道：「人豈不自知？你的話過分了。我如其遇見漢高祖，要北面而事之，和韓信、彭越爭先。如其遇見後漢光武帝，該和他並驅中原，未知鹿死誰手。大丈夫行事，當磊磊落落，如日月皎然，終不能如曹孟德、司馬仲達父子，欺他孤兒寡婦，狐媚以取天下也。」這一段話，是否真實，還未可知，就算是他說的，也不過是酒後狂言，毫無價值。後來讀史的人，卻把他看作名言，有許多人喜歡引用，因此就有許多人，把魏武帝和司馬懿看做一流人物，這真是笑話了，魏武帝何嘗有欺人孤兒寡婦之事來？

從魏武帝到司馬懿可以說是中國的政局，亦可以說是中國的社會風氣一個升降之會。從此以後，封建的道德，就漸滅以盡，只剩些狡詐凶橫的武人得勢了。

魏武帝死的一年，他的兒子魏文帝，就篡漢自立了。明年，劉備也在四川自稱皇帝。這時候，只有孫權還稱為吳王，到魏文帝篡漢後的十年，才自稱皇帝，然而在實際上，東吳亦是久經獨立的了，天下就分做三國。

翻開讀史地圖看起來，東吳的地方，也並不算小。他有現今江蘇、安徽、湖北三省沿江的地方，又有湖南、江西、浙

江、福建、廣東、廣西各省，較之曹魏盡有黃河流域，和湖北、安徽、江蘇的漢淮二水流域的，並差不了許多。但是當時，南方開化的程度，還不及北方，人力財力都非北方之比，面積雖相差不多，實力卻差得遠了。至於蜀漢，只有今四川、雲南、貴州三省，其中又只有四川是個天府之國，戶口比較眾多，財力比較雄厚，就更相差得遠了。

魏朝據有這樣好的地盤，論理，吳蜀二國，應該兢兢自守，還不容易。然而三國時代，也延長到六十年之久。這一因吳有長江之險，蜀係山嶺之區，北方的人，不善水戰，要攻入山嶺之區，也不容易；一亦因魏國的內部還有問題。

魏文帝篡漢後七年而死。他的兒子曹叡即位，這便是魏明帝。魏明帝是很荒淫奢侈的，魏朝的基業就壞在他手裡。他在位共十三年。死的時候，魏朝開國剛剛是二十年。魏朝的政局就在這時候起了一個變化。又經過十年，而政權全入於司馬懿之手，離魏朝的篡漢，剛好是三十年。

當曹操做魏王的時候，設立了一個祕書令。魏文帝篡位之後，將祕書改稱中書，設置了監、令兩個官，用劉放做中書監，孫資做中書令。在文帝、明帝之世，足足做了二十年。這是幫助皇帝處理一切文書的官，地位很重要的。自然他們兩個人都有相當的權力。人的脾氣，有了權力總是不肯輕易放棄的。魏明帝雖繼承文帝，任用劉放、孫資，又另有幾隻小耳朵（俗語，謂暗中使人偵察他人，或愛聽他人的這類報告），像

秦朗等一班人都是。明帝病重了，有權的人各想樹立自己的黨羽。明帝有兩個兒子：大的封為齊王，喚做芳，小的封為秦王，喚做詢。據《三國志》說，這兩個都是明帝的養子，其真相究竟如何，我們也無從知道了。明帝病危時，齊王立為皇太子。還只有八歲，自然不會管事的，秦朗便保舉魏武帝的兒子燕王宇輔政。劉放、孫資卻保舉了曹爽和司馬懿。曹爽是曹真的兒子，曹真是魏武帝族中的姪輩，曹爽便是魏武帝同族的姪孫兒了。司馬懿本是文官，在明帝手裡才漸漸地帶起兵來。此時他正削平了遼東回來。明帝病危時，自己做不得主，據說是劉放、孫資兩個人強挾著他發命令的，把燕王、秦朗等都免官，而用曹爽和司馬懿輔政。

燕王是個無用的人，罷免之後，也就完了。此後十年之中，就變做曹爽和司馬懿的爭奪。其初政權在曹爽手裡。司馬懿本來是太尉，曹爽等卻把他轉作太傅，表面上是尊重他，算他皇帝的師傅，實際上卻奪掉他的兵權。司馬懿便詐病，睡在家裡不出來。在齊王即位後十年，曹爽跟隨著他出去謁陵，司馬懿卻突然起來，運動了京城裡的軍隊，把城門關起來，要免掉曹爽的官，勒令他以侯還第。大司農桓範，是曹爽的一黨，便詐傳太后的命令，賺開了城門，逃到曹爽處。魏朝是建都在洛陽的，桓範勸曹爽把齊王搬到許昌，調外面的兵來，和司馬懿作戰。大司農是當時管財政的官，所以桓範說：「大司農的印在我手裡，糧餉是沒有問題的。」曹爽卻不肯聽，接受了司馬懿

的條件，免官還第。司馬懿卻說黃門張當，曾將選擇的才人（皇帝的妾的稱號）給予曹爽，怕他還有別種情弊，便將張當捉來拷問。張當承認了和曹爽圖謀造反。於是把曹爽、桓範、張當和曹爽的許多黨羽都殺掉。

這一件事情的真相，我們現在無從知之。所可猜測的，則司馬懿臥病十年，忽然而起，京城裡的軍隊，就會聽他調度，可見他平時必和軍隊預有勾結。曹爽在名義上是大將軍，軍隊都應服從他的命令的；他的兄弟曹羲是中領軍，曹訓是武衛將軍，亦都是兵權在手的人；一旦有事，軍隊反而都為敵人所用，他們的為人，就可想而知了。

然而曹爽所用的，都是當時的名士。據《三國志》零頭碎角的材料看起來，他們是頗有意於改良政事，釐定制度的，實可稱之為文治派。文治派對於軍隊，自然不如武人接近的，要利用軍隊，自亦不如武人的靈活，曹爽和司馬懿成敗的關鍵，大概在此。從此以後，魏朝的文治派沒落，只剩武人得勢了。

在魏明帝時候，司馬懿就帶了軍隊，在關中方面和諸葛亮作戰的，所以西方的軍隊，對他沒有問題。東方的軍隊，就不服他了。齊王十二年，都督揚州諸軍事王凌陰謀反對他，事機不密，為司馬懿所知，出其不意地去攻擊他。王凌措手不及，只得出迎。司馬懿把他送回洛陽，王凌在路上服毒自殺。

這一年，司馬懿死了，他的兒子司馬師繼居其任。到齊王的十五年，中書令李豐，皇后的父親張緝，又密謀廢掉司馬

師，用曹爽的姑表弟兄夏侯玄代他。又因事機洩漏，都給司馬師殺了。司馬師就廢掉齊王，而立了魏文帝的曾孫高貴鄉公髦。明年，揚州都督毌丘儉、揚州刺史文欽起兵聲討司馬師。司馬師自發大兵，和他相持。因兵力不敵，毌丘儉敗逃，死在路上，文欽逃到吳國。這一次戰事初起，司馬師新割了眼上的一個瘤，創痛正甚，因為關係重大，不得已勉強自己帶兵出去。戰勝之後，回到許昌就死了。他的兄弟司馬昭繼居其位。

再過了兩年，揚州刺史諸葛誕又起兵討伐司馬昭。這一次，諸葛誕知道司馬昭的兵力是不容易力戰取勝的，所以連結東吳，取著一個守勢。東吳發了兵和文欽一起去幫助他，又另行發兵以為救應。攻者不足，守者有餘。況且還有了外援？倘使不能撲滅他，倒也是一個大患。司馬昭乃又費了極大的兵力，把他圍困起來。又分兵堵住了吳國的救兵。靠著兵力的雄厚，居然把諸葛誕和文欽又打平。從此以後，魏國的武人，就再沒有人能和司馬氏反對了。

五年之後，高貴鄉公自己帶著手下的衛兵去攻擊司馬昭。那自然是以卵擊石，萬無僥倖之理。其結果，高貴鄉公給司馬昭手下一個喚做成濟的人刺死。司馬昭另立了燕王宇的兒子陳留王奐，自然是有名無實的了。於是司馬昭想要篡位。想要篡位，當然先要立些功勞，蜀漢就因此滅亡。然而司馬昭也沒來得及做皇帝，篡位自立，是他兒子司馬炎就是晉武帝手裡的事了。

《晉書·宣帝紀》（宣帝即司馬懿）說：晉朝的明帝，曾經問王導：「晉朝是怎樣得天下的？」王導乃歷述司馬懿的事情，和司馬昭弒高貴鄉公之事。明帝羞得把臉伏在床上道：「照你的話，晉朝的基業哪得長久？」可見司馬懿的深謀祕計，還有許多後來人不知道的，王導離魏末時代近，所以所知的較多了。而且他很為暴虐，他的政敵被殺的，都是夷及三族，連已經出嫁的女兒，亦不得免。所以作《晉書》的人，也說他猜忌殘忍。他一生用盡了深刻的心計，暴虐的手段，全是為一個人的地位起見，絲毫沒有魏武帝那種匡扶漢室、平定天下的意思了。封建時代的道德，是公忠，是正直，是勇敢，是犧牲一己以利天下，司馬懿卻件件和他相反。他的兒子司馬師、司馬昭，也都是這一路人。這一種人成功，封建時代的道德就漸滅以盡了。然而專靠鬥力，究竟是不行的。互相爭鬥的結果，到底是運用陰謀的人易於得勝。所以封建制度的腐敗和衰亡，也可以說是封建制度本身的弱點。

替魏延辨誣

　　三國的史事是大家都知道的，本來用不著我來講。我現在所要講的，只是向來大家弄錯之處，我想要來矯正矯正而已。既然如此，我就還要想替一個人辨誣，那就是魏延。

　　魏延本來是以部曲（部曲本是軍隊編制的名目。《續漢書·百官志》說：大將軍營分為五部，部下有曲，曲下有屯。後漢末，有些將校兵士，永遠跟隨著大將，就變做不直屬於國家而屬於這個將，帶些半奴隸的性質。所以部曲的地位是頗低的）隨先主入蜀的。因屢有戰功，升遷到牙門將軍。先主既得漢中之後，還治成都，要拔擢出一個人來鎮守漢中，當時大家都以為要用張飛，張飛也以此自許，而先主竟破格擢用了魏延。關羽、張飛是先主手下資格最老的兩員猛將，當時敵國的人亦都稱他為萬人敵的。先主從起兵以來，不分兵則已，要分兵，關羽總是獨當一面的，第十二節中業經講過了。此時關羽正在鎮守荊州，再要找一個獨當一面的人，以資格論，自然是張飛了。再次之則是趙雲，隨先主亦頗久。爭漢中之時，趙雲亦頗有戰功，先主稱他「一身都是膽」的。然而這時候要鎮守漢中，先主卻破格擢用了魏延，這就可見得魏延的才略。關羽、張飛都是長於戰鬥的。關羽攻曹仁，雖然終於失敗，乃因受了孫曹兩面的夾攻，而又外無救援之故。當時那種凌厲無前的氣概，使曹操方面十分吃緊，那也不是容易的罷？當曹操平張魯之後，張部的兵，業已攻入巴中。使巴中而竟為曹兵所占據，強敵即逼近西川，蜀漢的形勢，此時實亦萬分吃緊，而張飛竟能

夠把張郃打退，這一場功勞，也不能算小罷？然則在當時，關
羽、張飛所以威名播於敵國，易世之後，還有人稱道弗衰，也
不是偶然的。然而先主對於鎮守漢中之任，竟不用張飛而用魏
延，則魏延的將略，似乎還在關張之上。大概關、張的將才，
是偏於戰鬥，而魏延則要長於謀略些罷？然則鎮守荊州的，假
使是魏延，或者不如關羽之以過剛而折，而半個荊州，也就不
至於失陷了。這雖然是揣測之辭，似乎也有可能性。

　　魏延的謀略，從一件事情上可以見得。據《三國志》注引
《魏略》說：諸葛亮出兵伐魏時，和手下的人謀議。魏延獻計
說：「魏國的安西將軍關中都督夏侯楙，是曹操的小女婿，既無
智謀，又無勇氣。你只要給我精兵五千，直指長安，他聽得我
去，一定要逃走的。他走後，長安就只剩些文官了。魏國東方
的救兵要合攏來，還得二十多日，你的大兵也好到了。如此則
咸陽以西一舉可定了。」案諸葛亮第一次伐魏，在魏明帝太和二
年（公元二二八年）。這一次，魏國見蜀國久不出兵，以為他無
力北伐，毫無預備。所以諸葛亮出兵，甚為得手。南安（今甘肅
隴西縣西北）、天水（今甘肅通渭縣西南）、安定（今甘肅鎮遠縣
南）三郡都望風迎降。只因馬謖失機，以致前功盡棄。以後出
兵，雖然累戰克捷，然魏國亦已有了預備，要大得志就難了。
所以太和二年這一役，亦是魏蜀強弱的一個關鍵。據《三國志·
夏侯惇傳》注引《魏略》，夏侯楙免去安西將軍關中都督之職，
就是在這一年的，然則魏延的獻計，亦就是這一年的事，倘使

諸葛亮採用魏延之計，則魏延做了先鋒。馬謖亦是奇才，我們不能以成敗論人，但謀略雖好，戰鬥的經驗或者要缺乏些，所以不免有失，用魏延則無此弊，然則使諸葛亮採用魏延之計，看似冒險，或者轉無馬謖的失著，亦未可知。所以諸葛亮不用魏延之計，實在是可惜的，而魏延的將略，亦就因此可見了。

然諸葛亮雖不用魏延之計，而其軍隊精練，一切都依著法度，亦自有其不可及之處。他第一次雖然失敗，以後又屢次出兵。魏朝嘗派司馬懿去抵禦他。司馬懿的用兵，亦有相當能力。他生平除掉和諸葛亮對壘之外，也總是勝利的。獨至對於諸葛亮，則僅僅乎足以自守。這句話，是見在《三國志·諸葛亮傳》注所引吳人張儼所著的《默記》裡面。第三國人的話，比較要公平些。於此可見《三國志》裡載諸葛亮伐魏之事，總不勝利，《晉書·本紀》裡更說他每戰輒敗；只因《三國志》為晉人所著，《晉書》所根據的，也是晉朝人的史料，不足憑信罷了。諸葛亮每次出兵，都因糧運不繼，不能持久，乃製造了木牛流馬以運糧，又分兵屯田，為久駐之計。蜀漢後主的十一年，即魏明帝的八年（公元二三四年），他屯田的兵，已經雜居渭水沿岸，逼近長安了。不幸患病身死，從此以後，蜀漢就更無力進取中原了。這固然不僅是軍事一方面的問題，然而當時蜀漢的軍隊起了內訌，以致魏延身死，亦不能說不是一個損失。

據《三國志》說，諸葛亮病危的時候，和楊儀、費禕、姜維三個人密定了退兵的計畫。這一次出兵，魏延本來是先鋒，這

時候卻將他改作斷後，而令姜維次之。魏延如不聽命令，大軍就逕行開拔。諸葛亮死後，楊儀祕不發喪，派費禕去探問魏延的意思。魏延說：「丞相雖死，我自活著在這裡。相府裡親近的人和官屬，自可將護他的棺柩回去安葬，我自當帶兵擊賊。如何因一個人之死，廢掉天下的大事呢？況且魏延是什麼人，要聽楊儀的命令，替他做斷後將？」就和費禕同擬一個計畫，哪一部分的兵該退回去，哪一部分的兵該留下來，要費禕和他連名，把這命令傳給各將領。費禕騙他道：「楊儀是文官，不會部署軍事，他絕不會違反你的意思的，不如讓我回去，再和他商量商量。」就騎著馬快跑而去。費禕去後，魏延懊悔不該放他，再派人去追，已經來不及了。魏延派人去探看，楊儀等已經整軍待發，打算把魏延一支兵留下來。魏延大怒，趁他們沒有動兵，便帶兵先發。楊儀等亦伐木開路，晝夜兼程，緊跟在他的後面。魏延的兵先到，據住了南谷口，派兵去攻擊楊儀。楊儀派何平去抵敵。何平罵魏延先發的兵道：「丞相死得沒幾時，你們何敢如此？」魏延的兵知道其曲在延，都不聽他的命令，散掉了。魏延只和他的兒子以及另外幾個人逃回漢中去。楊儀派馬岱帶兵去將他追斬了。這一段事情，一看而知其不是實在。

據注引《魏略》說：則諸葛亮病重的時候，是派魏延代理自己的職務，祕喪而歸的。楊儀和魏延素來不睦，就揚言魏延要投降敵國，帶著手下的人去攻魏延。魏延因出其不意，無從抵擋，只得帶著兵逃走，就給楊儀追殺了。這話也不是事實。

　　諸葛亮在病危之時，預定退軍計畫，這一個命令，總是要傳給全軍的，豈有和楊儀、費禕、姜維私相計議，置先鋒軍於不顧之理？這豈像諸葛亮做的事情？若說諸葛亮的職務實係命魏延代理，則全軍都在魏延統率之下，楊儀是文官，手下沒有軍隊的，帶著什麼人去攻魏延？若說運動諸將，同反魏延，怕沒有這樣容易的事？況且據《三國志》說：當時魏延表奏楊儀造反，楊儀也表奏魏延造反，顯然成了個兩軍對壘的形勢，並不是從一軍之中突然分裂而戰鬥起來的。然魏延是個名將，果使有了準備，派兵去攻楊儀，也斷沒有給何平一罵兵就被罵散了的情理。所以兩種說法都不是事實。

　　這件事情的真相，依我推測，是這樣的：諸葛亮病危時，並沒有能夠預定退兵的計畫就死了。他死後，楊儀等密定了一個退兵的計畫，怕魏延不聽，派費禕去探問。魏延果然不肯聽他們的部署，要自己另定一個計畫，和費禕連名行下去。費禕哄騙他逃了回來。知道無可疏通，就把他置諸不顧，打算將餘軍逕行開拔。這個消息又被魏延打聽到了，乃趁他們沒有開拔之前，先行開拔，把南谷口據住了。至此，兩軍遂不得不正式交戰。魏延雖然勇猛，然所統率的，只有他的直屬部隊，就是做先鋒軍的，楊儀在諸葛亮幕府裡，全軍都在他調度之下，眾寡不敵，所以魏延就給他打敗了。至於說魏延的軍隊，給何平一罵就罵散了，不曾有劇烈的戰鬥，乃因內訌並非美事，所以又有些諱飾。這件事情的真相，似乎大略是如此。

魏延既然死了，自然得宣布他的罪狀。當時所說的，大約是誣他要謀反降魏。所以《三國志》裡有這樣的幾句話，說「魏延不北降魏而南還，乃是要除殺楊儀等，本意如此，不便背叛」，就是替魏延剖辨的。不過古人文辭簡略，沒有把當時誣他的話敘述清楚罷了。假使魏延真要造反，楊儀便有剿滅反叛的大功，回來後豈得不重用？然而不過做一個中軍師，並無實權，諸葛亮的老位置，反給蔣琬奪去了（諸葛亮是丞相，蔣琬的資格，是不夠做丞相的，但以錄尚書事而兼益州刺史，其實權就和諸葛亮無大異）。這件事，《三國志》上說：諸葛亮生時就密表後主，說我若死了，便將後事交給蔣琬。這也不是實情。諸葛亮的做事，是很積極的。他在生前，似乎並沒有預料到自己要死。假如他預料到自己要死，那可先行布置的事情多著呢。以他的地位聲望，一切公開囑咐了，也不怕什麼人反對，而且可使身後的事情更形妥帖，何至於密表後主，只保薦了一個蔣琬呢？《三國志‧蔣琬傳》說：諸葛亮死後，新喪元帥，遠近危悚，蔣琬處群僚之右，既無戚容，又無喜色，神色舉動，和平時一樣，眾人因此漸服，可見得蔣琬初繼諸葛亮的任時，眾人還不很信服他。假使諸葛亮生前預行指定他為自己職務的後繼人，就不至於此了。以諸葛亮的公忠體國，心思細密，豈有想不到這一層之理？蔣琬和楊儀，向來所做的事情是差不多的，而楊儀的職位和資格，還在蔣琬之上。不過楊儀是鋒芒畢露的，大家有些怕他，蔣琬卻是個好好先生，人家容易和他和

睦，所以諸葛亮的位置就給蔣琬搶去了。楊儀自然不服，口出怨恨之言，以致得罪而死，這事無甚關係，可以不必細述。然使魏延確係造反，楊儀確有誅滅反叛之功，則無論他如何不孚眾望，人家將來要排擠他，當時總是要賞他的，斷不能遽置諸閒散之地，這也可見得魏延並沒造反。

諸葛亮從太和二年以後，是不斷的出兵伐魏的，太和二年，是入三國後的第九年。諸葛亮之死，在入三國後十五年。蜀漢的滅亡，是在入三國後四十四年。所以諸葛亮死後，蜀漢還有二十九年的命運。這二十九年之中，前十二年，總統國事的是蔣琬；中七年是費禕；後十年是姜維。蔣琬、費禕手裡，都不甚出兵伐魏。姜維屢次想大舉，費禕總裁制他，不肯多給他兵馬。費禕死後，姜維做事才得放手些，然而亦無大功，而自己國裡，反因此而有些疲敝。當時很有反對他的人。後來讀史的人，亦有以蜀之亡歸咎於姜維的用兵的，其實亦不盡然。

當時魏蜀二國，國力相去懸殊。滅蜀的一次，據魏國人計算，蜀兵總數共只九萬，分守各地方的，差不多去其一半，而魏國分兵三路，諸葛緒、鄧艾每路三萬，鍾會所帶的兵又有十餘萬，兵力在兩倍以上。所以蜀漢的形勢，是很難支持的。既無退守的餘地，就只得進攻，至少要以攻為守。諸葛亮的不斷出兵，也是為此。從魏齊王芳之立，至高貴鄉公的被弒，其間共計二十一年，即係入三國後之第二十一年至第四十一年，正是魏國多事之秋，蜀漢若要北伐，其機會斷在此間，而其機會

又是愈早愈妙，因為愈早則魏國的政局愈不安定。然此中強半的時間，都在蔣琬、費禕秉政之日，到姜維掌握兵權，已經失之太晚了。所以把蜀國的滅亡，歸咎到姜維，實在是冤枉的。倒是蔣琬、費禕，應當負較大的責任。魏延伐魏之志，是比較堅決的。只看諸葛亮死日，他不肯全軍退回，便可知道。如其諸葛亮死後，兵權在他手裡，總不會像蔣琬、費禕那樣因循的，雖然成敗不可知。所以魏延的死，總不能不說是蜀漢的一個損失。

姜維和鍾會

　　魏武帝亡歿了，繼之而得志的，卻是司馬氏父子。忠君愛民的心地，光明磊落的行為，全都看不見了，所剩下的，只是些自私自利的心地，狡詐刻毒的行為，幾千年來，封建社會的道德，真個就此完了麼？不，任何一種社會現象，都沒有突然而興，也沒有突然而絕的。雖然在其衰敗垂絕之時，也總還有一兩個人，出而為神龍掉尾的奮鬥。這正和日落時的餘暉一般，流連光景的人，更覺得其可愛了。

　　司馬昭打平了諸葛誕，又殺掉了高貴鄉公，就漸漸地可以圖篡了。要圖篡位，總得立些武功，於是決計伐蜀。這些話，上文中業經說過了。這時候的蜀國，卻是什麼形勢呢？蜀國這時候，兵權算在姜維手裡。但是費禕死後，後主所信任的宦官黃皓，漸漸弄權，要想排擠陷害他。姜維雖有武略，政治上的手腕似乎欠缺些，就不敢回成都，帶著兵屯駐在沓中。這沓中在現今甘肅臨潭縣，就是從前的洮州的西邊，未免太偏僻些了。

　　當時魏國是分兵三路：鄧艾、諸葛緒各帶兵三萬，鄧艾牽制住姜維的正面，諸葛緒遮斷了姜維的後路。鍾會卻帶了十幾萬大軍，從斜谷（注：今陝西眉縣西南）、駱谷（注：今陝西周至縣西南）兩路並進。當魏延守漢中時，在漢中的外面設立了許多據點，派兵守住，敵人來攻，使其不得入內。後來姜維說：「這種辦法，雖然穩當，卻也不能得利。不如把這些據點撤掉了，聚集兵糧，堅守漢樂兩城（注：今陝西勉縣東南）。敵兵攻城不破，又野無可掠，糧運不繼，自然只得退兵。我們卻各城的兵齊出，

和遊軍會合，就好把他殲滅了。」這條主意，固然也是好的，然而把敵兵放入平地，究竟有些冒險。鍾會既進漢中之後，分兵圍困漢樂兩城，自己直趨西南，把陽安關攻破。這陽安關，在嘉陵江沿岸，現今沔縣（注：今勉縣）的西南，寧羌縣（注：今寧強縣）的西北，乃是入蜀正面第一道關隘。陽安關既破，就只有現今四川昭化、劍閣兩縣間的劍閣可守了。當時姜維聽得鍾會大兵前進，自然要從沓中回來。鄧艾牽制他不住，諸葛緒也阻擋不住他。然而陽安關已經不守了，就只得守住了劍閣。鄧艾追趕姜維，到了現今甘肅的文縣，就是漢朝所謂陰平道的地方。從此南下，經過平武縣的左擔山，就可以從江油、綿陽直向成都去的。這一條路，極其險峻，所以當時蜀國並不防備。鄧艾要和諸葛緒合兵走這一條路進去。諸葛緒說本來的軍令，只叫他堵截姜維，並沒有叫他攻蜀，就引兵和鍾會的大軍會合。鍾會密白他畏懦不進，魏朝把他檻車（罪人坐的車，有闌檻，防他逃走）徵還，兵也並給鍾會統帶了。然而攻劍閣，卻攻不進去。鍾會無法，打算退兵了。不料鄧艾的兵，已從陰平伐山開路，走了無人之地七百多里打進去。把諸葛瞻的兵打敗了，直向成都。鄧艾的兵，是能夠進去，退不回去的，自然要拚命死戰，其鋒不可當。然而其實是孤軍。假使後主堅守成都，這時候，劍閣並沒有破，鍾會的大軍不得前進，鄧艾外無救援，終竟要做甕中之鱉的。然而後主不能堅守，竟爾投降。姜維在劍閣，聽得諸葛瞻的兵被打敗了。傳來的消息，有的說後主要堅守成都，有的說他要逃向東吳，又有

的說他要逃到現今的雲南地方去。不知的實,乃引兵向西南退卻。到了現在的三臺縣地方,奉到後主的命令,叫他投降魏軍。姜維便到鍾會軍前投降。據《三國志》說,當時將士,接到投降的命令,都發怒得「拔刀斫石」,難道姜維倒是輕易投降的麼?

鄧艾得意非常,就十分誇口。對蜀國的士大夫說道:「你們幸而遇見我,所以身家性命得以保全。要是遇見吳漢(後漢光武帝時平蜀的將,曾大肆殺戮)一流的人物,就糟了。」又說:「姜維也是一個有本領的人,不幸遇著了我,所以敵不過罷了。」聽的人都暗笑他,他自己也不覺得。他又表上魏朝,說:「劉後主一時不可把他內徙。要是把他內徙,吳國人看見了,疑心魏國待遇他不好,就不肯歸降了。現在該留兵兩萬人在蜀,蜀國投降的軍隊,也留著兩萬,不要解散。再在四川大造兵船,做出一個伐吳的聲勢來。一面派人去曉諭吳國,吳國自然可不戰而降了。只要把後主留在四川一年,那時候吳國歸降,就可把他送到京城裡。」當時鄧艾在川中,諸事多獨斷獨行,並不等魏朝的許可。司馬昭派監軍衛瓘去對他說,不宜如此。鄧艾倒說:「《春秋》之義,大夫出疆,有可以安社稷、利國家者,專之可也。一味等待命令,以致誤國,這件事我是辦不到的。」這樣一來,司馬昭自然要疑懼了。鍾會等人就乘機說他的壞話。於是魏朝又下詔書,檻車徵還鄧艾。怕他不聽命令,叫鍾會也進向成都。衛瓘在前,用司馬昭的親筆命令,曉諭鄧艾手下的兵。鄧艾手下的兵,此時只想得些賞賜回家,誰來和鄧艾造反?況且鄧艾也本無反心,抵

抗命令的事情，自然不是倉卒間可以結合的，於是鄧艾手下的軍隊，都一無抵抗，把鄧艾釘入檻車裡去了。

　　鍾會和姜維，很為要好。《三國志·姜維傳》說他們「出則同輿，坐則同席」。鄧艾被擒之後，鍾會到了成都，所有伐蜀之兵，都在他一個人統率之下了。《三國志·鍾會傳》說：他這時候就有了反心。要叫姜維等帶著蜀兵出斜谷，而自己帶著大兵跟隨其後。這時關中一方面，是沒有阻礙的，可以唾手而得長安。既入長安，從渭水及黃河順流而下，五天可到孟津（在今河南孟津縣北），和騎兵在洛陽相會，一舉而大事可定了。忽然得到一封司馬昭的信，說「怕鄧艾不肯就徵，已派賈充帶了一萬名兵進駐樂城，我自己帶著十萬兵駐紮在長安。相見在近，不再多說了」。鍾會得書大驚。對親近的人說道：「只取鄧艾，司馬昭知道我辦得了的。現在自帶大兵前來，一定是疑心我了。這事非速發不可。」恰好這時候郭太后（明帝的皇后）死了，鍾會就詐傳太后的遺詔，叫他起兵討滅司馬昭。召集北來諸將領，都把他們關閉在官署中，把城門宮門都關閉起來，要想都殺掉他們，還猶豫未能決斷。他的帳下督丘建，本來是護軍胡烈所薦的。看見胡烈獨坐得可憐，替他請求鍾會，許放他一個親兵進來，傳遞飲食。鍾會允許了。其餘諸將領，也援例各放了一個人進來。胡烈對他的親兵說，又寫封信給他的兒子，說鍾會要殺盡北兵。如此一傳二，二傳三，北來的兵都知道了，就同時並起攻城。被看守的人也都從屋上爬出去，各人回到自己的

軍隊裡，同時進攻。姜維和鍾會手下的少數人，如何抵敵？就都給他們殺掉了。鄧艾手下的將，聽得鍾會死了，追上去打破檻車，把鄧艾放了出來。衛瓘一想不好，我是捉拿鄧艾的人，放了他出來，他要報仇怎樣？又派兵追上鄧艾，把他殺死了。征西的兩員大將，就是這樣了結。

鍾會為什麼要造反呢？他是司馬師、司馬昭的心腹，人家稱他為鍾子房的。司馬師打破毌丘儉，司馬昭打破諸葛誕，他的計謀很多。伐蜀的三路兵，鄧艾是安西將軍都督隴右諸軍事，諸葛緒是雍州刺史，都是久在西方，和蜀國相持的，只有鍾會是司馬昭的心腹，所以大兵都在他的手裡。這時候的司馬氏，是不容易推翻的，他豈有不知之理？況且他也向來是個文臣，如何會忽有野心，想要推翻司馬昭呢？我們看這個，就知他一定有大不得已的苦衷。

原來他是鍾繇的小兒子，鍾繇是替魏武帝鎮守關中的。當漢獻帝之世，關中反側的人很多，涼州還有馬超、韓遂，魏武帝能夠專心平定東方，不以西顧為憂的，都是得他的力量。所以鍾繇可以說受魏朝的恩典很深。鍾會是個文人，很有學問的，不是什麼不知義理的軍閥，他要盡忠於魏朝，是極合情理的。所以鍾會可說和王凌、毌丘儉、諸葛誕一樣，都是魏朝的忠臣，並不是自己有什麼野心。而他的謀略，遠在這三人之上，亦且兵權在手，設使沒有北兵的叛變，竟從長安而下，直指洛陽，這時候司馬氏的大勢如何，倒是很可擔憂的了。

至於姜維，則又另有姜維的心理。《三國志‧姜維傳》注引《華陽國志》，說姜維勸鍾會盡殺北來諸將，要等諸將已死之後，再行殺掉鍾會，盡數殺掉北兵，然後恢復蜀國。他曾經寫一封祕密信給後主，說：「願陛下忍數日之辱。臣欲使社稷危而復安，日月幽而復明。」又引孫盛的《晉陽秋》，說他到蜀中時，蜀中父老還說及此事。孫盛的入川，在晉穆帝永和三年，已在蜀漢滅亡之後八十四年了。蜀中父老的傳說，固然未必盡實。譬如姜維在當時，能否和後主祕密通信？後主這種人，祕密通信給他何用？只有洩漏事機而已。只這一點，便有可疑。然而情節雖或不盡符合，姜維有這一番謀劃，是理有可信的。因為他絕不是輕易降敵的人。而在當時，假使鍾會不被北兵所殺，而能盡殺北來諸將，把一部分軍隊交給姜維，姜維反攻鍾會，也很有可能的。注《三國志》的裴松之，就是這樣說。姜維是天水郡冀縣人，冀縣是甘肅的甘谷縣。涼州地方，是被曹操平定較晚的。姜維是諸葛亮第一次伐魏時，詣諸葛亮投降的。他本是天水郡的參軍，所以要投降，據《三國志》說：是因天水太守疑心他要反叛之故。姜維絕不是輕易降敵的人，太守疑心他，他未必無法自明，就要真個降敵。姜維降蜀之後，諸葛亮寫信給蔣琬等說他心存漢室，可見姜維本來是要效忠於漢而反魏的，太守疑心他，並沒有錯。

　　鍾會的效忠於魏，姜維的效忠於漢，又可稱封建道德之下的兩個烈士了。

孫吳為什麼要建都南京

【都邑的選擇，我是以為人事的關係，重於地理的。南京會成為六朝和明初的舊都，這一點，怕能言其真相者頗少。讀史之家，往往把史事看得太深了，以為建都之時，必有深謀遠慮，作一番地理上的選擇，而不知其實出於人事的推移，可謂求深而反失之。所以我在這裡，願意說幾句話，以證明我的主張，而再附述一些我對於建都問題的意見。】

南京為什麼會成為六朝的都邑呢？其實東晉和宋、齊、梁、陳不過因襲而已。創建一個都邑，不是一件容易的事情；又當都邑創建之初，往往是天造草昧之際，人力物力都感不足，所以總是因仍舊貫的多，憑空創造的少，這是東晉所以建都南京的原因。至於宋、齊、梁、陳四代，則其政權本是沿襲晉朝的，更無待於言了。然則在六朝之中，只有孫吳的建都南京，有加以研究的必要。

孫吳為什麼要建都南京呢？長江下流的都會，本來是在蘇州，而後來遷徙到揚州的。看秦朝會稽郡的治所和漢初吳王濞的都城，就可知道孫吳創業，本在江東，其對岸，直到孫策死時，還在歸心曹操的陳登手裡，自無建都揚州之理。然則為什麼不將根據地移向長江上流，以便進取呢？須知江東定後，他們發展的方向，原是如此的，然其兵力剛進到湖北邊境時，曹操的兵，已從襄陽下江陵，直下漢口了。上流為曹操所據，江東斷無以自全，所以孫權不能不聯合劉備，冒險一戰。赤壁戰後，上流的形勢穩定了，然欲圖進取，則非得漢末荊州的治所

襄陽不可。而此時荊州，破敗已甚，龐統勸劉備進取益州，實以「荊土荒殘，人物凋敝」，為最大的理由。直至曹魏之世，袁淮尚欲舉襄陽之地而棄之（見《三國・魏志・齊王紀》正始七年注引《漢晉春秋》），其不能用為進取的根據可見。然吳若以全力攻取，魏亦必以全力搏擊，得之則不能守，不得則再蹈關羽的覆轍，所以吳雖得荊州，並不向這一方面發展，孫權曾建都武昌，後仍去而還江東，大概為此。

居長江下流而圖發展，必先據有徐州。關於這一個問題，孫權在襲取關羽時，曾和呂蒙研究過，到底取徐州與取荊州，孰為有利？呂蒙說：徐州，北方並無重兵駐守，取之不難，然其地為「驍騎所騁」，即七八萬人，並不易守，還是全據長江的有利。如此，才決計襲取荊州。

可見在下流方面，孫吳亦不易進取，而曹魏在這一方面的壓力卻頗重。原來劉琮降後，曹操要順流東下，不過一時因利乘便之計，若專欲剿滅孫吳，自以從淮南進兵為便。所以赤壁戰後，曹操曾四次征伐孫權（建安十四年，十七年，十九年，二十一年），都是從這一方面來的，而合肥的兵力尤重。

孫吳所以拒之者，實在今濡須口一帶。此為江東的生死所繫，都金陵，則和這一帶聲勢相接，便於指揮。又京口和廣陵相對，亦為長江津渡之處，曹丕曾自將自此伐吳，此路亦不可不防；居金陵與京口相距亦近，有左顧右盼之勢，孫權所以不居吳郡而居金陵，其理由實在於此。此不過一時軍事形勢使

然，別無深意。

東晉和宋、齊、梁、陳四朝，始終未能恢復北方，論者或謂金陵的形勢，欲圖進取，尚嫌不足，後來宋高宗建都臨安，或又嫌其過於退守，謂其形勢尚不如金陵。此等議論，皆太偏重地理，其實南朝之不能恢復，主因實在兵力之不足，當時兵力，南長於水，北長於陸，水軍之力雖優，足以防禦，或亦可乘機為局部的進取，然欲恢復中原，則非有優良的陸軍，作一二次決定勝負的大戰不可。

且身臨前敵，居於適宜指揮之地，乃一將之任，萬乘之君，初不必如此。孫權雖富有謀略，實仍不脫其父兄剽悍輕率之性質，觀建安二十年攻合肥之役可知，此其所以必居金陵。若宋高宗，則初不能自將，居金陵與居臨安何異？

小國寡民之世，則建都之地，要爭出入於數百里之間，至大一統之世則不然。漢高祖欲都洛陽，留侯說：「其小，不過數百里，田地薄，四面受敵，不如關中，沃野千里，阻三面而守，獨以一面制諸侯。」此乃當統一之初，尚沿列國並立時代之習，欲以都畿之地，與他人對抗，故有此說。若大一統之世，方制萬里，都在一個政府統制之下，居長安與居洛陽，又何所擇？

然則政治及軍事的指揮，地點孰為適宜，必計較於數百千里之間，亦只陸恃馬力，水恃帆力之世為然。

【明初為什麼要建都南京呢？那是由於其起兵之初，還沒

有攘斥胡元的力量，而只是要在南方覓一根據地，那麼自濠州分離別為一軍而渡江，自莫便於集慶（元集慶路）。太祖的取天下，其兵力，用於攘斥胡元者實少，用於勘定下流之張士誠、上流之陳友諒者轉多。胡元遁走以後，南方之基礎已固，又何煩於遷都？論者或謂明之國威，以永樂時為最盛，實由成祖遷都北平使然，此亦不考史實之談，論其實，則永樂時之邊防，實較洪武時為促。明初，北方要塞，本在開平（今多倫），自成祖以大寧畀兀良哈而開平衛摯孤，宣宗乃移之於獨石，自此宣、大遂成極邊。明初胡元雖退出北平，然仍占據漠南北，為中國計，欲圖一勞永逸，必如漢世發兵絕漠，深入窮追，然度漠之事，太祖時有之，成祖時則未之聞。其後有也先之難，俺答之患，中國何嘗不都北平？

自中國歷代兵爭之成敗觀之，似乎北可以制南，南不可以制北，故論建都之地者，多謂北勝於南。而同一北方，則又謂西勝於東，汴梁不如洛陽，洛陽不如長安，此皆以成敗之原因，一斷之於軍事，而言軍事之成敗，則又一斷之於地理形勢，殊為失實。且有黃梨洲所見能與眾不同，他在《明夷待訪錄》上說：「秦漢之時，關中風氣會聚，田野開闢，人物殷盛，吳楚方脫蠻夷之號，故不能與之爭勝。今關中人物，不及吳會久矣。東南粟帛，灌輸天下，天下之有吳會，猶富室之有倉庫匱篋也。千金之子，倉庫匱篋，必身守之，而門庭則以委之僕妾，舍金陵而弗都，是委僕妾以倉庫匱篋，昔日之都燕，則身

守夫門庭矣，曾謂治天下而智不千金之子若歟？」他知道天下之「重」，在財力，在文化，而不單在兵事，其識可謂勝人一籌。

　　古人言治，首重風化。欲善風俗，必有其示範之地，以理以勢言之，自以首都為最便，故京師昔稱首善之區。昔時論建都者，多注重於政治軍事，而罕注重於化民成俗，有之者，則唯漢之翼奉，唐之朱朴，宋之陳亮。翼奉當漢元帝時，他對元帝說：文帝稱為漢之賢君，亦以其時長安的規模，尚未奢廣，故能成節儉之治，若在今日亦「必不能成功名」，他主張遷都成周，重定制度，「與天下更始」。朱朴，當唐末亦說「文物資貨，奢侈僭偽已極」，非遷都不可。陳亮當宋高宗時，上書說：「錢塘終始五代，被兵最少，二百年之間，人物繁盛，固已甲於東南；而秦檜又從而備百司庶府，一以講禮樂於其中，士大夫又從而治園囿臺榭，以樂其生；干戈之餘，而錢塘遂為樂國矣。」窺其意，宴安鴆毒，實為不能恢復的大原因。三家之言，皆可謂深切著明，而陳亮之言，實尤為沉痛。有謀國之責者，倘不視為河漢？】

此篇節選自 1946 年 5 月 3 日《正言報》的〈南京為什麼成為六朝朱明的舊都〉一文，今將原文的開頭和結尾附於本文的開始和結尾，方括號內文字即是。

司馬懿如何人

　　誰都知道，結束三國之局的是司馬伷，司馬氏的基業是創於司馬懿之手的。這司馬懿，卻是怎樣一個人物呢？

　　據《晉書·宣帝本紀》說，司馬懿的玄孫晉明帝有一次和他的臣子王導談天，便問他自己的祖宗是怎樣得天下的，這王導大概因時代生得早，對於晉初的陰謀祕計比後來的人知道的多，便把司馬懿如何創業，和後來他的兒子司馬師殺死魏朝高貴鄉公之事，一一述了一遍。明帝聽了，羞得頭都抬不起來，把臉貼在床上說道：「要是照你的話，晉朝的傳代又安得長遠？」這真可謂之天良發現，而司馬懿父子的喪心害理，也就可想而知了。然則他怎會成功的呢？喪心害理的人會成功麼？

　　晉朝從武帝篡魏（公元二六五年）到恭帝為劉裕所篡（公元四二〇年），共歷一百五十六年。論他為民心所愛戴，以及自己支持的實力而論，都是遠不及此的，然而它居然也綿歷了一個相當的年代，關於這一點，如要推求其理由，那是不能不歸結到它所遭遇的時勢的。因為晉朝得到政權不久，北方就為異族所竊據。如此，它雖無功德於民，人民卻念到他究竟是個本族的元首，還相當擁戴他。他的臣下雖亦有居心不正的，然非如王敦、桓溫等略有對外的功績的，不敢蓄篡奪之念。即王敦、桓溫，亦因功績不夠，到底不能有成。直到劉裕，總算恢復了一些國土，才把王位篡奪到手。然則晉朝的傳代能夠綿歷相當的時日，倒是異族的侵陵給他的機會了，這是後話。但在當初，他究竟怎樣會成功的呢？

王導所說司馬懿的創業，無疑是指他謀殺曹爽之事，因為他是經過這一次的變動，然後取得政權的。原來魏朝的失柄，由於明帝死後，他的兒子齊王芳年紀太小，然而齊王即位之初，事權實在曹爽手裡。司馬懿雖然同受明帝的遺命輔翼幼主，卻是被排斥於政府之外，臥病在家的。大約因為他本是武人，所以仍有一班人暗中和他勾結；而他的陰謀祕計亦以此時為甚，他託病蟄伏了十年，一旦時機來到，就突然而起，趁著曹爽奉齊王出城謁陵的時候，矯太后之詔把城門關起來，把曹爽廢掉，旋又把他殺了，他從此就政權在手。

　　這事在公元二四九年，至其後年，司馬懿就死了，其子司馬師襲其爵位。後四年，廢齊王而立魏武帝的曾孫曹髦，這就是高貴鄉公。其明年，司馬師也死了，其弟司馬昭繼其爵位。又六年，高貴鄉公「忿威權日去」，帶著自己手下的兵去攻司馬昭，被司馬昭手下迎戰之兵所殺。這件事，歷史上的記載是如此的：高貴鄉公率兵而出，第一個遇著的是司馬昭的兄弟司馬伷，高貴鄉公手下的人對他的兵叱責，他的兵就退走了。於是司馬昭的心腹賈充，帶著兵來迎敵，高貴鄉公手持短兵，身臨前敵，賈充的兵又要退走了，乃有弟兄兩人，哥哥喚做成倅，兄弟喚做成濟者，問賈充道：事勢危急了，怎麼辦呢？賈充道：司馬公養著你們為的正是今天，今天的事情還問什麼呢？又說：司馬公若敗，你們還有種麼？於是成濟奮勇向前，直刺高貴鄉公，兵鋒從前面刺進，穿出背上，高貴鄉公就此被殺死了。論

兵力，高貴鄉公自非司馬昭之敵，高貴鄉公亦豈不知？然而敢於率兵直出者，一則忿威權日去，感情衝動，未免要孤注一擲；一亦由專制時代，皇帝的名義到底非尋常人所敢輕犯，這正和民主時代，主權在民，人民的地位便是至高無上，法西斯徒黨要屠戮人民，奉令執行的人有時也不肯出力一樣。他也有個幸勝的希冀。試看司馬昭的兵，既已潰退於前，賈充的兵又要潰退於後，則他的估計原沒有十分錯，無如狠惡而敢干犯名義的人，歷代總是有的，尤其是在軍閥手下。而高貴鄉公就在這種情勢之下犧牲了。此事原無足深論。

然而我們從王導所說的司馬懿奪取政權，及司馬昭殺死高貴鄉公兩件事情上，卻可以看出司馬氏所以成功的原因來。這話怎麼說呢？

當曹爽被殺的後年，有一個魏朝的揚州都督王凌，要起兵反抗司馬氏，給司馬懿出其不意地把他捉去了。這事亦無足深論，然當王凌設謀時，曾派人去告訴自己的兒子，而他的兒子諫止他，所說的話，卻深可注意，其大意是說：曹爽所用的人，確是一班名士，他們的意思，也確是想做些事情的。然而所做的事情，都是自上而下，所以人民不能接受。而司馬懿，自推翻曹爽之後，卻頗能「以恤民為先」。所以曹爽之敗，「名士減半」而百姓並不哀傷他們。於此可以見得自上而下的政治，貽害於人民如何深刻猛烈了。真正的恤民，司馬氏自然也說不上，然而他當時剝削擾害的程度，大約人民還可忍受。所以在大亂

之後，人民只求活命，別無奢望之時，也就勉強相安了。

何以能將對於人民的剝削擾害，減輕一些呢？那麼他對高貴鄉公事變的善後，也是深可注意的。原來對於人民剝削擾害得最深刻猛烈的，就是武人。因為武人總是粗暴的，他們所做的事情，文官到底做不出來。當政局變動之際，最後的成功者，看似由於得到少數武人的擁護，其實總是由於得到廣大的人民的支持的。因為苟非廣大的人民承認你，與你相安，變亂就無時而會息，你的政權就無從成立。所以創立政權者的能否成功，就看他駕馭武人的能力的強弱以為斷。觀於司馬昭對於高貴鄉公被弒以後的措置，就可見得他對於武人控制的力量的強大了。

這件事是這樣的：高貴鄉公死後，司馬昭聚集了一班大臣共謀善後，這件事，在專制政體之下，總不能沒有一個說法。正和民主時代殺死了人民，不能沒有說法一樣。然而怎樣的說法呢？當時有一個陳泰，是有資格又有名望的，司馬昭便請教他，他說：只有殺掉賈充，稍可以謝天下。這賈充乃是司馬氏的死黨，司馬昭如何能殺掉他呢？於是愣了半天，對陳泰道：請你再想個次一等的辦法。陳泰卻斬釘截鐵毫不遲疑地答道：我的辦法，只有進於此的，沒有較此退步的。司馬昭就不再問了。下令說：本來命令成濟不得逼近皇帝所乘的輦輿的，而他竟突入陣內，以致造成大變，這都是他一人之罪，按律大逆不道的父母妻子兄弟都斬。於是把成倅、成濟和他的家屬一齊收

付當時的司法官廷尉。這樣辦，成濟是冤枉的麼？自然是冤枉的。但我說：冤枉或許只有一半。因為不許傷害高貴鄉公的命令，或許司馬昭在當日是當真發出的，至少沒有叫他傷害高貴鄉公，因為這根本用不著。而成濟當日，殺人殺得手溜，竟把他刺得胸背洞穿，這也只好算作蠻性發作，自取其咎了。然而成濟弟兄想起來，自然總覺得是冤枉的。於是到逮捕之時，他弟兄兩人就登屋大罵，大罵而要登屋，這大約是所以延緩逮捕的時間，以便盡情痛詆的。逮捕的人，乃發箭把他射下來。於是成濟兄弟本因怵於司馬氏失敗則自己也不得留種，而替他效勞的，反因此而自絕其種了。他們都滅絕了，自然沒有地方去申冤。

然而俗話說「兔死狐悲，物傷其類」，司馬昭下如此辣手，難道不怕其餘的武人看著寒心麼？然而他竟不怕。而其餘的武人也竟不能對他有什麼反響。這就可見得他對於武人控制力之強，「政治不是最好的事情」，是非曲直，原無足深論，然即此亦可見得成功者之非出於偶然了。

誰能駕馭武人，誰反被武人牽著走？這是時局變動之際，居於領袖地位的人的試金石。

〈司馬懿如何人〉為〈三國史話之餘〉（上），原刊於 1947 年 7 月 25 日《現實週報》第一期。

司馬氏之興亡

　　我寫了一篇〈司馬懿如何人〉，有人讀了問我道：「依你的說法，要求成功的，倒只要用嚴刑峻法，壓制其下了。」這又不然，司馬氏之所以能成功，能用嚴刑峻法，壓制自己手下的武人，使其不敢十分胡行，固然是其一個原因；然而他的使用嚴刑峻法，主要的還不是為著約束自己手下的人，倒是用來對付政敵的。那麼，用來嚴約自己手下的人，是他成功的因素，用嚴酷的手段對付政敵，就成為他失敗的因素了。

　　誰都知道，歷代用法的嚴峻，無有過於魏晉之間的。不但動輒族誅，就是嫁出的女兒，也不能免。他的所以如此，無非用恐怖政策，懾服異己，使其不敢有所舉動罷了。他成功了麼？倘使這種政策而用諸今日，反對他的，將是廣大的人民，必非嚴刑峻法所能絕其反動的根株。即在昔日，反對他的僅是少數的政敵，並沒有廣大的人民作為基礎，似乎給他壓下去了。然而種瓜得瓜，種豆得豆，恐怖政策的結果，還是不免於自害自。

　　誰都知道，西晉之所以滅亡，由於八王之亂。而八王之亂，則是因惠帝的自殺其太子而引起的。原來晉武帝的兒子是晉惠帝，他的皇后就是上篇所說的賈充的女兒。惠帝的太子非其所生，賈后就蒙蔽惠帝，把他廢掉，後來又把他殺掉。八王之亂就藉此為由而開始，遞推遞演，終至於不可收拾了。當太子被殺之時，有一個喚做閻纘的，自己帶著棺材，以表示必死的決心，上書替太子申冤，不見省。後來惠帝又立他的孫兒子

做皇太孫。閻纘怕再有他禍，又詣闕上書。他的書中引證前代的三件事：

其一，漢高祖出去打仗，路過趙國，當時趙王喚做張敖，乃是漢高祖的女婿，迎見執禮甚恭，而漢高祖是流氓出身，喜歡罵人，謾罵他。趙王不敢如何，他的宰相喚做貫高，卻聽著不平，於是伏兵謀殺高祖。事情發覺了，這自然要連累到趙王，於是他被逮入京。貫高卻真是個硬漢，隨王到京一律承當，說都是自己所做的事，趙王全不知情。雖然受盡酷刑，口供始終不改，趙王因此得免。即貫高，漢高祖也並不辦他的罪，還有趙王之臣田叔等十人，冒充趙王的家奴，隨王到京保護服侍他，則還受到漢高祖的獎賞。

其二，漢高祖的皇后姓呂，這便是高祖死後，他的兒子惠帝在位時，實握朝權七年；惠帝死後，又臨朝稱制八年，在中國歷史上，和唐朝的武則天並稱的呂后。呂后是很有才能的。漢高祖平定天下後，東奔西走，不皇寧處。京城裡的事情，實際都是交給她。漢高祖是個好色之徒。起兵之後寵愛了一個戚夫人，生子趙王如意。意欲廢掉惠帝，把他立做太子，因顧慮呂后的實力，未能如願。高祖在日，呂后無如戚夫人何，到高祖死後，便把她囚了起來，又召趙王入京，趙王的宰相周昌，知道她沒有好意，留王不遣，如此者三次，呂后乃先召周昌入京，再召趙王。趙王到後，就把他母子一併殺害了。然而對於周昌，呂后卻沒有得罪他。

其三，是漢武帝的事情。漢武帝的皇后姓衛，生子名據，立為太子。後來他的諡法，是個戾字，所以稱為戾太子。漢武帝是個喜怒無常、賞罰無章之徒，他又很迷信，到晚年更多疑忌。總疑心人家要用巫術去謀害他，這便是所謂「巫蠱」。於是有個喚做江充的，和太子有隙，就藉以誣陷太子。太子明知道武帝偏見任性，既被誣陷之後，向他辯白是無益的，於是不想辯白，而竟詐傳武帝的詔旨，發兵捕殺江充。這一來，武帝說太子造反了。發兵叫宰相帶著兵去打他，太子戰敗逃出去，給追捕的人追到了，自殺。皇后亦自殺於京城之內，太子有三個兒子都被殺，只有一個孫兒，就是武帝的曾孫，因年幼繫獄。後來武帝也知道太子的冤枉了，江充和迫害太子的人，多遭族誅。然皇曾孫仍繫獄未釋。再後來，武帝害病了，當時又有一種迷信稱為「望氣」。望氣的人說：「長安獄中有天子氣。」於是武帝下詔，要把拘禁在獄中的囚徒，盡數殺掉。這真是不成事體，幸得當時有個法官喚做丙吉的關了獄門，拒絕詔旨，皇曾孫才得保全，這就是後來的宣帝。然武帝用刑雖濫，對於丙吉，卻也沒有得罪他。

閻續引這三件事說：當時用法太酷，動輒滅門，所以使人不敢盡忠。他又說：倘使當時的人能像周昌、丙吉一般，暫時拒絕詔旨，太子固然可以不死，就是有些人，能夠跟隨太子，局面也總要好些。然而太子被廢出宮之時，他的臣子有些在路上望車拜辭，還被逮捕送到監獄之中治罪，還有何人敢說話

呢？然則晉朝恐怖政策，箝制其下，不是自殺其子孫麼？種瓜得瓜，種豆得豆，他自己的政策貽害自己的子孫，誰能為他惋惜？然而政權在他手裡。政治上的事情是最宜「氣疏以達」，把各方面的意思，都反映出來的。最忌自行封鎖，致處於耳無聞、目無見的地位。現在執掌政權的，用恐怖他人的政策，封鎖自己。於是政治大壞，人民卻連帶著遭殃了，這真可為之三嘆。

當大局動盪之時，一切事情都不上軌道，握有實權的人，很容易用嚴刑峻法，取快一時，這也是古今之通弊。魏晉間的嚴刑峻法，還不自司馬氏始，當時曹操、孫權手下，都有所謂校事，就是今世所謂特務。曹操手下有一個人喚做高柔，曾力諫曹操，說這班人用不得，而曹操不聽。至於孫權，則連他自己的太子亦不以此種辦法為然，而孫權亦不聽。曹操、孫權的出此，或者還不全是私心，而是有整頓政治的思想，因為他們的校事，並不是用來對付人民，倒是用來對付官吏的。這看後來孫權的覺悟，由於其信臣朱據的被誣，而魏文帝（曹丕）時，程昱的孫兒程曉疏論此事，稱其「上察官屬，下攝眾司」，就可知道了。然而還是不勝其弊。可見用法而出於正式的法律和司法機關以外，總是弊餘於利的。若其用途而非以對付官吏，則更不必論了。

此篇原為〈三國史話之餘〉（下），刊於《現實週報》第二期（1947 年 8 月 1 日）。原文副標題：恐怖政策對之手下人是成功的，用以對付政敵是失敗了。

晉代豪門鬥富

　　當兩個文明程度不同的社會，接觸以後，較高的社會文明，總會輸入文明程度較低的社會中去。這本是有益無害的事，然而文明程度較低的社會，竟有因此而陷於衰亡的，這是什麼原因呢？無他，明明可用來生利之物，你卻不用之於生利，而用之於浪費虛耗之途而已。

　　在歷史上，一朝開國之後，總是能盛強安穩一個時期，獨晉朝不然。從武帝平吳（公元二八〇年）到洛陽淪陷（公元三一一年），不過三十一年而已。這又是為什麼？我們知道：一個人享用過度，就精力耗損，志氣消沉了。晉初有一個遠從魏武帝、近從晉宣帝遺留下來的腐敗的文臣、驕橫的武人的政治集團，其中荒淫奢侈之事，真是不勝枚舉。我現在且舉其兩件：

　　其一，是晉武帝的女婿王濟。武帝有一次到他家裡去，他留武帝吃飯，肴饌的講究，不必說了，《晉書》上說他「悉貯琉璃器中」。琉璃就是現在的玻璃，當時中國還不能自造，大約是從西域來的。其二，當時的豪門，多好鬥富，其中最豪富的是石崇。晉武帝因為和姓王的有親戚關係，暗中總幫助著他。有一次，把內府中一株三尺多高的珊瑚樹，賞賜給一個喚做王愷的。這王愷，便要把它去誇示石崇了。石崇一見，就舉起鐵如意來，把它打碎。王愷覺得既可惜，又可氣，不免聲色俱厲。石崇卻說：「不足多恨，今還卿。」喚人將自己所有的取出來，三四尺長的六七株。王愷乃爽然自失。珊瑚也非中國所有，大約是從南洋來的，羅致這許多東西，不都要花錢到外國去買

嗎？這在當日，實在是異常奢侈的事情。當時這個政治集團中人，有如此不合理的享受，他們的精力，還能夠不耗損？志氣還能夠不消沉嗎？何怪五胡一崛起，一班好戰的人，都像秋風掃落葉一般，紛紛地倒坍下去呢？

這班人財自何來，歷史上沒有詳明的記載。論其大略，總不免向農人頭上剝削，只要看《晉書》的列傳上，敘述他們的產業，總說田園水碓甚多，就可知道了。田是種穀物的，可以收取租米，史書上記載也頗多。園是種果樹、開池養魚等等的，《晉書·王戎傳》說：他家有好李，要把它賣出去，又怕人家得其種，都先鑽其核而後賣之，大約就是園中的出產。水碓則是舂米的，當時使用頗廣。晉惠帝時京城被一個叛將圍起來，這叛將把城外的水決去，城中的水碓，都因無水不能動，乃將十三歲以上的男子總動員，來舂米給兵吃，就可見對水碓相需之殷。他們擁有廣大的田園，水碓多數又為他們所有，豪門資本就侵入了工商界了。

誠如 Frank Rounds Jr. 所說（見《現實週報》第一期外論），中國人民的忍耐性和農村經濟的堅韌性，是極大的。然而其忍耐和堅韌，也總有一個限度的，古來有多少好戰之徒，都失敗在這個限度的誤認上。當洛陽淪陷之後，索琳、麴允還翼戴愍帝，在長安建立了一個政權。不幾年又覆敗了。於是元帝只得退卻到江東，成為偏安之局。當時有一個劉琨，在并州，即今日的太原地方，還艱苦支持了好幾年，也終於滅亡了。劉琨

和索琳、麴允，都是很忠勇的，為什麼都不能成功呢？那就由於農村經濟的堅韌性，此時已變成脆弱，而人民也再不能忍耐了。試看《晉書》上敘述當時長安的情形，是「戶不滿百，荊蒿成林」，而劉琨初到并州時所上的表，則說現在晉東南境，一路都是白骨遍地，太原則四山都是羌胡，不能出城樵採，本地既無出產，糴買的通路，又極艱苦，便可知其致敗之由。五胡中最成功的是鮮卑，鮮卑之所以能成功，是由於慕容氏所根據的，是今熱河、遼寧之地，拓跋氏所根據的，是今察哈爾、綏遠之地，倒是比較安靜富庶的。慕容氏既入中原，遼東之地，為高句麗所據，遼西亦受侵擾，拓跋氏末年，六鎮大亂，其固有的根據地失掉，鮮卑也就完了。這豈非百代的殷鑑？

〈晉代豪門鬥富〉，原刊《現實新聞》雙週刊第十一期，原副標題為：從汽油的限制到五胡亂華。

附錄

後漢亂源與三國始末

第一節　後漢的亂源

　　兩漢時代，總算是中國統一強盛的時代；兩漢以後，便要暫入於分裂衰弱的命運了。這個分裂衰弱的原因也甚多，追溯起來，第一件便要說到「後漢時代的羌亂」。

　　羌族的起源和分布，已見第一篇第六章第四節，和第二篇上第四章第二節。這一族分布的地方，是很廣的。現在專講後漢時在中國為患的一支，《後漢書‧羌傳》說：

　　羌無弋爰劍者，秦屬公時，為秦所拘執，以為奴隸……後得亡歸，而秦人追之急，藏於岩穴中，得免。羌人云：爰劍初藏穴中，秦人焚之；有景象如虎，為其蔽火，得以不死。既出，又與劓女遇於野，遂成夫婦。女恥其狀，被髮覆面，羌人因以為俗。遂俱亡入三河間。《注》：「黃河湟水賜支河也。」案賜支就是析支，就是河曲之地，不能另算做一條河。所以注引《續漢書》作「河湟之間」。諸羌見。爰劍被焚不死，怪其神，共畏事之，推以為豪。河湟少五穀，多禽獸，以射獵為事；爰劍教之田畜，遂見尊信；廬落種人依之者日益眾。羌人謂奴為「無弋」，以爰劍嘗為奴隸，故因名云。其後世世為豪。至爰劍曾孫忍時，秦獻公初立，欲復穆公之威，兵臨渭首。滅狄豲戎，忍季父邛，畏秦之威，將其種人附落而南，出賜支河曲數千里；與眾羌絕遠，不復交通。其後子孫分別，各自為種，任隨所之：

或為氂牛種，越巂羌是也；如今四川的西昌縣。或為白馬種，廣漢羌是也；如今四川的廣漢縣。或為參狼種，武都羌是也；如今甘肅的武都縣。忍及弟舞，獨留湟中。並多娶妻婦；忍生九子，為九種；舞生十七子，為十七種。羌之興盛，從此始矣。

《後漢書》說越巂、廣漢、武都諸羌，都是爰劍之後，這句話恐未必十分可信。但因這一段文字，可以證明兩漢時代，為中國患的羌人確是居湟中這一支。湟中是個肥沃的地方，爰劍又是個從中國逃出去的，他的文明程度，總得比塞外的羌人高些，看「教之田畜，遂見尊信」八個字，就可以明白。

這一支羌人的根據地，是從河湟蔓延向西南，包括青海和黃河上游流域。他的文明程度頗低，而體格極其強悍；《後漢書》說他「堪暑耐寒，同之禽獸」。而且好鬥。部落分離，不能組織大群；又好自相攻伐，要到一致對外的時候，才「解仇詛盟」；事情一過，就又互相攻伐了；這也是羌人的一個特色。這個是因為他所處的地方，都是山險，沒有廣大的平原的緣故。羌人在歷史上，始終不能組織一個強大的國家，做出大一點的事業，也是為此。

漢朝和羌人的交涉，起於武帝時。這時候，匈奴還據著河西，參看第二篇上第四章第一節。和羌人所據的湟中，只隔著一支祁連山脈；武帝防他互相交通，派兵擊破羌人，置個護羌校尉統領他。羌人就棄了湟水，西依西海、青海、鹽池。在青海西南。王莽時，羌人獻西海之地，王莽把來置了一個西海郡，莽末內亂，羌人就乘此侵入中國。後漢時羌人一支占據河

北大允谷和大小榆中一帶，在如今平番導河一帶。頗為邊患，和帝時，才把他打破，重置了西海郡；而且夾著黃河，開列屯田。從此從大小榆谷到西海，無復羌寇。然而降羌散布郡縣的很多。在安定、北地、上郡的，謂之東羌。在隴西、漢陽、金城的，謂之西羌。中國的吏民豪右，都不免「侵役」他。公元一〇七年，罷西域都護和校尉，發羌人去迎接他。羌人頗有逃散的。郡縣到處「邀截」，又不免騷擾。於是各處羌眾，同時驚潰。「東寇三輔，南略益州」。涼州的守令，都是內地人；見羌勢已盛，無心戰守，都把郡縣遷徙到內地來；百姓有不願意遷徙的，就強迫「發遣」；死亡流離，也不知多少。直到公元一〇八年，才把三輔肅清，涼州還沒有平定，而軍費已用掉二百四十億。到順帝時，涼州也算平定了，才把內徙的州縣，依舊回復。不多時，羌人又叛。用兵十餘年，又花掉八十多億的軍費。到桓帝即位，才用段熲做校尉，去討叛羌，這個段熲，是以殺戮為主義的。他說：「昔先零作寇，趙充國徙令居內，煎當亂邊，馬援遷之三輔。始服終叛，至今為梗，猶種枳棘於良田，養蛇虺於室內也。臣欲絕其本根，不使能殖。」於是從公元一五九年起，至公元一六九年止，用兵凡十一年。把西羌直追到河首積石山，東羌蹙到西縣如今甘肅的秦安縣。山中，差不多全行殺盡。這歷年的羌亂，才算靠兵力鎮定。羌亂的詳細，可參看《後漢書·本傳》，和任尚、虞詡、段熲、皇甫規、張奐等傳。

　　後漢的羌人，並不算什麼大敵，他的人數，究竟也並不算多，然而亂事的蔓延，軍費的浩大，至於如此。就可見得當時軍力的衰弱，政治的腐敗。這件事情，和清朝川楚教匪之亂，極其相像。軍費自然十之七八，都是用在不正當的方面的。卻是(一)涼州一隅，因此而兵力獨厚；（二）其人民流離遷徙之後，無以為生，也都養成一個好亂的性質，就替國家種下一個亂源。

　　政治腐敗，它的影響，絕不會但及於涼州一隅的。咱們現在，要曉得後漢時代社會的情形，且引幾段後漢人的著述來看看。

　　今察洛陽：資末業者，什於農夫；虛偽游手，什於末業；是則一夫耕，百人食之；一婦桑，百人衣之；以一奉百，孰能供之。天下百郡千縣，市邑萬數，類皆如此；本末不足相供，則民安得不飢寒。

《論衡・務本篇》

　　王侯貴戚豪富，舉驕奢以作淫巧，高負千萬，不肯償債；小民守門號呼，曾無怵惕慚怍哀矜之意。同上〈斷訟篇〉。使餓狼守苞廚，飢虎牧牢豕，遂至熬天下之脂膏，斲生人之骨髓。……豪人之室，連棟數百，膏田滿野，奴婢千群，徒附萬計，船車賈販，周於四方，廢居積貯，滿於都城，奇賂寶貨，巨室不能容，馬牛羊豕，山谷不能受，妖童美妾，填乎綺室，倡謳妓樂，列乎深堂。

《昌言・理亂篇》

　　井田之變：豪人貨殖館舍，布於州郡，田畝連於方國。……
財賂自營，犯法不坐，刺客死士，為之投命。至勢弱力少之
子，被穿帷敗，寄死不斂，冤困不敢自理。

同上〈損益篇〉

　　這種情形，說來真令人「劌心怵目」。卻是為什麼弄到如
此？這是由於漢朝時候的社會，本不及後世的平等。他的原
因，是由於（一）政治上階級的不平，（二）經濟上分配的不平，
這個要參看下篇第三章第五節和第七節才得明白。這種不平等
的社會，倘使政治清明，也還可以敷衍目前，為「非根本的救
濟」；卻是後漢時代，掌握政柄的不是宦官就是外戚，外戚是
紈絝子弟，是些無知無識的人，宦官更不必說。他們既執掌政
權，所用的自然都是他們一流人，這一班人布滿天下，政治自
然沒有清明的希望。要曉得黑暗的政治，總是揀著地方上愚弱
的人欺的，總是和地方上強有力的人，互相結托的。所以中央
的政治一不清明，各處郡縣都遍布了貪墨的官；各處郡縣都遍
布了貪墨的官，各處的土豪，就都得法起來。那麼，真不啻布
百萬虎狼於民間了。靈帝開西邸賣官，刺史守令，各有價目。
尤其是直接敗壞吏治的一件事情。

　　所以張角一呼，而青、徐、幽、冀、荊、揚、兗、豫八州
的人，同時響應。張角是鉅鹿人，他自創一種妖教，名為「太平
道」，分遣弟子「誑誘四方」，十餘年間，眾至數十萬，他把這
些人分做許多「方」，大方萬餘人，小者數千。暗約公元一八四

年靈帝中平元年三月五日同時起事。還沒有到期，給自己同黨的人告發了，張角就「馳敕諸方，一時俱起」。中外大震。這種初起的草寇，論兵力，究竟是不濟事的。靈帝派皇甫嵩、朱儁等去討伐，總算不多時就戡定了。然而從此之後，到處寇盜蜂起，都以「黃巾」為號。張角的兵，都是把黃布包著頭的，所以人家稱他為黃巾。郡縣竟不能鎮定。因為到處寇盜蜂起之故，把州刺史改做州牧，於是外權大重，就成為分裂的直接原因。參看上篇第八章第一節、下篇第三章第一節。

本篇選自呂思勉著《白話本國史》（上海古籍出版社，2005 年版），標題有改動。該書原採用民國紀元的方法來紀年，以 1912 年民國元年為基準，民元以前逆推，稱民國前某某年，簡稱前某某年。現統一還原為公元紀年。

第二節　三國始末

「山雨欲來風滿樓」，分裂的機會成熟了，卻仍等待著積久為患的宦官外戚做個導火線。

靈帝是個最尊信宦官的。他因為數失皇子，何皇后的兒子辯，養於道人史子眇家，號為史侯。王美人的兒子協，靈帝的太后董氏自行撫養，號為董侯。靈帝想立董侯，沒有辦到，公元一八九年，靈帝病重了，把董侯囑託宦者蹇碩，叫蹇碩立他。這時候，何皇后的兄弟進，做了大將軍，兵權在手。蹇碩想誘他入朝，把他殺掉，然後擁立董侯。何進明知他的陰謀，擁兵不朝。蹇碩不敢動。於是史侯即位，是為廢帝。

　　這時候，外戚宦官，依舊是勢不兩立。然而何氏出身低微，何太后的立，頗得些宦官的力。以是何氏對於宦官，有些礙難下手。何進雖然殺掉蹇碩，又逼死董太后，殺掉董太后的哥哥董重；然而要盡誅宦官，何太后就要從中阻撓他。何進手下袁紹等一班人，因而勸何進召外兵以脅太后。

　　宦官知道事情危險了，就把何進誘入宮，殺掉。袁紹等乘勢攻宦官，盡殺之。涼州將董卓，駐兵在河東。聽得何進召外兵的命令，即日進兵。這時候剛剛到京。於是擁兵入京城，把廢帝廢掉了，擁立董侯，是為獻帝。

　　京城裡的大權，霎時間落入「涼州軍閥」之手。袁紹等一班人，自然是不服的。於是袁紹逃回山東，起兵「討卓」。諸州郡紛紛應之。董卓就把天子遷徙到長安，近著涼州老家。「討卓」的兵，本來不過「各據地盤」，沒有「討卓」的誠意。自然是遷延敷衍，毫無成功。

　　然而「涼州系」卻又內亂起來了，公元一九二年，司徒王允和中郎將呂布，合謀殺掉董卓。董卓手下的將官李傕、郭汜，起兵攻陷京城，殺掉王允。呂布逃到山東。李傕、郭汜又自相攻伐。傕劫天子，汜留公卿為質。直到一九六年，涼州將張濟從東方來，替他們和解，才算罷兵言和。獻帝趁這機會，便想逃歸洛陽。李傕、郭汜起初答應了，後來又追悔，合兵來追。獻帝靠群盜李樂等幫忙，總算逃脫。然而群盜又專起權來，外戚董承等沒法，只得召兗州的曹操入衛。曹操既至，以洛陽殘

破，挾著獻帝遷都許昌（如今河南的許昌縣）從此以後，大權都在曹操手裡，獻帝「守府而已」。

這時候，州牧郡守，紛紛割據。就有：

袁紹：據幽、并、青、冀四州。

劉備：據徐州。

劉表：據荊州。

劉焉：據益州。

袁術：據壽春，如今安徽的壽縣。

馬騰、韓遂：割據涼州。

後漢時代，是頗重門閥的。參看下篇第三章第七節。袁紹是「四世三公」，所據的地方又廣大，所以勢力最強。卻是曹操，「挾天子以令諸侯」，所假借的名義，也與眾不同。

「涼州系」在當時是個擾亂天下的罪魁。然而其中並沒有雄才大略的人，李傕、郭汜、張濟，不久都無形消滅了。只有呂布，卻是個驍將。袁術攻劉備，呂布乘勢奪取徐州。劉備弄得無家可歸，只得投奔曹操。這劉備也是個英雄，曹操便利用他去攻呂布。曹操表劉備做豫州牧，借兵給他。公元一九八年，和他合力攻殺呂布。這時候，袁術因為措置乖方，在壽春不能立足，想要投奔袁紹。曹操順便叫劉備擊破他。袁術只得折回，死在壽春。然而劉備也不是安分的人，就和董承合謀，想推翻曹操，卻又自己出屯小沛。事情發覺了，曹操殺掉董承，打破劉備。劉備也投奔袁紹，於是青、徐、兗、豫四州略定。

　　袁曹衝突的時機到了。公元二〇〇年，戰於官渡，在如今河南中牟縣的北邊。袁紹大敗，慚憤而死。兒子袁譚、袁尚爭立。公元二〇二年，曹操全定河北。袁譚為曹操所殺。袁尚逃到烏桓（參看第二章第一節）又給曹操打敗；再逃到遼東，遼東太守公孫康把他殺掉。公元二〇八年，便南攻荊州。劉表剛好死掉，他的小兒子劉琮把荊州投降曹操。

　　這時候，劉備也在荊州。他和曹操是不能相容的，逃往江陵。曹操派輕騎追他，一天一夜走三百里，到當陽長坂，（如今湖北的當陽縣）。追到了。劉備兵敗，再逃到夏口，投靠劉表的大兒子劉琦。

　　這時候的劉備，可算得勢窮力盡了，卻有一支救兵到來。當東諸侯起兵「討卓」的時候，長沙太守孫堅也起兵而北。董卓西遷之後，孫堅便收復洛陽。後來和袁術結連去攻劉表，給荊州軍射殺。他的兒子孫策，收集殘部，投奔袁術。孫策雖然年少，倒也是個英雄。看看袁術不成個氣候，便想獨樹一幟。於是請於袁術，得了父親舊時的部曲。南定揚州。公元二〇〇年，孫策死了，他的兄弟孫權代領其眾。劉備手下的諸葛亮，便想一條計策，自己到江東去求救。

　　這時候的江東，論起兵力來，萬萬敵不過曹操。然而（一）北軍不善水戰，（二）荊州軍又非心服，（三）加以遠來疲敝，又有疾疫，卻也是曹操兵事上的弱點。孫權是個野心勃勃的人，手下周瑜、魯肅等也有一部分主戰的；於是派周瑜帶水軍

三萬，和劉備合力抵禦曹操。大破曹操的兵於赤壁。如今湖北嘉魚縣的赤壁山。於是曹操北還，劉備乘勝攻下如今湖南省的地方。明年，周瑜又攻破江陵。三分鼎足之勢，漸漸的有些成立了。俗傳「借荊州」一語，說荊州是孫權借給劉備的。這句話毫無根據。請看趙翼《二十二史劄記》。

　　赤壁戰後，曹操一時也不想南下。而西方的交涉又起。原來涼州地方，本有個馬騰、韓遂割據。李傕、郭汜等滅後，曹操雖然收復關中，派鐘繇鎮守，卻還沒顧得到涼州。公元二一一年，曹操徵馬騰做衛尉。馬騰的兒子馬超，疑心曹操要害他，就和韓遂舉兵造反。涼州的兵勢，十分精銳。鐘繇抵敵不住，只得棄長安而走。馬超、韓遂直打到潼關。曹操自將去抵禦他，用離間之策，叫他兩個分心，到底把他打敗了。明年，曹操就殺掉馬騰。馬超知道了，舉兵又反，卻給楊阜等起兵打敗。馬超就逃奔漢中。

　　這時候的漢中，是誰據著呢？先前巴郡有個張修，創立五斗米道。參看下篇第三章第六節。沛縣的張魯信奉他，張修死後，張魯就儼然做了教主。很有信奉他的人。益州牧劉焉，便叫他保守漢中。劉焉死後，兒子劉璋頗為闇弱。張魯就有吞併益州之志。劉璋急了，因為劉備素有英雄之名，就想招他入川，借他防禦張魯。

　　劉備聞命，真是「得其所哉」。即便帶兵入川，不多時，就借端和劉璋翻臉，把西川奪去，這是公元二一四年的事。公元

二一五年，曹操平定張魯，取了漢中。公元二一六年，劉備又把漢中奪去。這一年八月裡，又命關羽從荊州進兵攻取襄陽。這時候的劉備，對於曹操竟取了攻勢了。

曹操取漢中這一年，孫權因劉備入川，也頗想乘虛奪取荊州，劉備這時候，正想爭取漢中。知道兩面開釁是不行的。便和孫權妥協，把荊州地方平分，備使關羽守江陵，權使魯肅屯陸口，如今湖北的蒲圻縣。這時候周瑜已經死了。到關羽進攻北方的時候，孫權又把呂蒙調回，換了個「未有重名，非羽所忌」的陸遜。關羽果然看輕他。把江陵守兵盡數調赴前敵，後路空虛。呂蒙便乘勢發兵，襲取江陵。這時候，關羽前敵的攻勢也已經給曹操發大兵堵住，弄得進退無路，只得退軍，給孫權伏兵捉住，殺掉。西蜀進取之勢，受了一個大打擊。

公元二二〇年，曹操死了。兒子曹丕嗣為魏王，便把漢獻帝廢掉，自立，是為魏文帝。明年，蜀漢先主劉備也稱帝於成都。公元二二九年，孫權也在建業如今江蘇的江寧縣，東晉時因為避愍帝的諱改名建康。稱帝，是為吳大帝。後漢就此分作三國。

關羽的敗亡，是蜀漢一個致命傷。當時東吳的無端開釁，卻也是有傷國際信義的。這種毫無藉口的開釁，在歷史上也很為少見。所以先主稱帝之後，就首先自將伐吳。卻又在猇亭，（如今湖北宜都縣西邊）給陸遜殺得大敗虧輸。又羞又氣，死了。諸葛亮受遺詔輔政，東和東吳，西南定益州，漢郡，治滇池（如今雲南的昆明縣）屢次出兵伐魏。公元二三四年，死了。蜀漢就此

不振。諸葛亮是中國一個大政治家，本書限於篇幅，不能詳細介紹他。廣智書局《中國六大政治家》裡有他的傳，頗可看的。諸葛亮出兵伐魏，第一次在公元二二七年。這一次魏人不意蜀國出兵，很為張皇失措。天水、南安、安定三郡，都叛應亮，兵勢大振。時魏明帝初立，親幸長安，派張郃去抵禦他。諸葛亮派馬謖當前鋒。這張郃是魏國的宿將，馬謖雖有才略，大約軍事上的經驗不及他。給張郃在街亭（如今甘肅的秦安縣）打敗。諸葛亮只得退回漢中。這一年十二月裡，諸葛亮再出散關（在如今陝西寶雞縣西邊）圍陳倉（在寶雞的東邊），不克而退。明年春，再出兵攻破武都（如今甘肅的成縣）、陰平（如今甘肅的文縣）。公元二三一年，魏曹真伐蜀。攻漢中，不克。明年，諸葛亮伐魏。圍祁山（在武都西北），魏司馬懿來救。諸葛亮因糧盡退回。張郃來追，給諸葛亮殺掉。公元二三六年，諸葛亮再出兵伐魏。進兵五丈原（在如今陝西郿縣），分兵屯田，為久駐之計。這年八月裡，就病死了。諸葛亮的練兵和用兵，都很有規矩法度；和不講兵法，專恃詭計，僥倖取勝的，大不相同。《三國志》、《晉書》，都把他戰勝攻取的事情抹煞，這是晉朝人說話如此。只要看他用兵的地理，是步步進逼，就可以知道他實在是勝利的了。

　　諸葛亮死後五年，魏明帝也死了。養子芳年紀還小。明帝死時，本想叫武帝的兒子燕王宇輔政。中書監劉放、中書令孫資，趁他昏亂時候，硬勸他用曹爽和司馬懿。明帝聽了他。於是曹爽、司馬懿，同受遺詔輔政。其初大權盡在曹爽手裡，司馬懿

詐病不出。到公元二四九年，曹爽從魏廢帝出去謁陵。不知道怎樣，司馬懿忽然勒兵關起城門來，矯太后的命令，罪狀曹爽。曹爽沒法，只得屈伏了。其結果，就給司馬懿所殺。於是大權盡入於司馬懿之手。這件事的真相是無從考見的，然而有可注意的，曹爽所共的一班人，都是當時的名士，司馬懿卻是個軍閥。曹爽和司馬懿相持凡十年。曹爽是曹真的兒子，在魏朝總算是個宗室。朝廷上又有一班名士擁護他（把如今的話說起來，可以說他是名流系的首領）。其初司馬懿不能與爭，大概是這個緣故。曹爽專政之後，把太后郭氏遷徙到永寧宮。和他的兄弟曹羲，都帶了禁兵（這時候，表面上把司馬懿尊做太傅，暗中卻奪去他的權柄。司馬懿就稱病不出）。後來司馬懿推翻他，就是趁他兄弟都出城，奪了他的禁兵，表面上卻用太后出頭。這樣，我們推想起司馬懿的行為來，大約是「交通宮禁」，「勾結軍隊」。其詳情卻就無可考較了。現在歷史上所傳的話，都是一面之詞，信不得的。曹爽死後，司馬懿、司馬師、司馬昭，父子弟兄，相繼秉政，削平異己。當時魏國的軍人，都是司馬懿一系。只有揚州的兵反抗他。公元二五一年，揚州都督王凌；公元二五五年，揚州都督毌丘儉；公元二五七年，揚州都督諸葛誕，三次起兵。都給司馬氏平定。司馬師先廢曹芳而立曹髦；司馬昭又殺曹髦而立曹奐；到司馬炎，就自己做起皇帝來了。（公元二六五年）

　　蜀自諸葛亮死後，蔣琬、費禕，相繼秉政。費禕死後，後主才親理萬機，信任宦官黃皓，頗為昏暗。蔣琬、費禕的時代

不大主張用兵。費禕死後，姜維執掌兵權，連年出兵北伐，毫無效果；而百姓疲弊，頗多怨恨。公元二六三年，司馬昭叫鍾會、鄧艾兩道伐蜀。會取漢中，姜維守住劍閣（如今四川的廣元縣）會不得進。而鄧艾從陰平直下綿竹（就是從甘肅文縣，出四川平武縣的左擔山，向綿竹的一條路）猝攻成都，後主禪出降。蜀漢就此滅亡。於是晉國派羊祜鎮襄陽，王濬據益州以圖吳。羊祜死後，杜預代他。

吳自大帝死後，少子亮立。諸葛恪輔政，給孫峻所殺。於是峻自為大將軍。峻死後，弟綝繼之，廢亮而立景帝休。景帝把孫綝殺掉，然而也無甚作為。景帝死後，兒子皓立，很為淫虐。吳當諸葛恪秉政時，曾一次出兵伐魏。諸葛恪死後，忙著內亂，就沒有工夫顧到北方。靠著一個陸抗，守著荊州，以抵禦西北兩面。陸抗死後，吳國就沒有人才了（公元二七四年）。公元二八〇年，王濬、杜預，從益、荊兩州，順流而下。王濬的兵先到，孫皓出降。吳國也就滅亡。

三國時代，是我國南北對抗之始。這時代特可注意的是江域的漸次發達。前此江南的都會，只有一個吳。江北的廣陵（如今江蘇的江都縣）卻是很著名的。我們可以設想，產業和文化的重心還在長江的北岸。自從孫吳以建業為國都，孫吳建國，北不得淮域。濡須水一帶，是兵爭的要地。定都建業，既可扼江為險，又便於控制這一帶地方。建業後來又做了東晉和宋、齊、梁、陳四朝建都之所。東晉以後，南方文化的興盛，固由於北方受異族之

蹂躪，衣冠之族避難南奔；然而三國時代的孫吳，業已人才濟濟。這也可見南方自趨於發達的機運，不盡藉北方的擾亂為文化發達的外在條件了。又益州這地方，從古以來，只以富饒著名，在兵爭上，是無甚關係的。卻是到三國時代，正因為他地方富饒，就給想「占據地盤」的人注目。劉備初見諸葛亮的時候，諸葛亮勸他占據荊益二州。說「天下有變：則命一上將，將荊州之軍，以向宛洛；將軍身率益州之眾。以出秦川。」前者就是關羽攻魏的一條路。關羽既敗，諸葛亮屢次伐魏，就只剩得後者一條路了。論用兵形勢，自然是出宛洛，容易震動中原，所以我說荊州之失，是蜀漢的致命傷。然而劉備、諸葛亮，當日必定要注重益州。則「荊土荒殘，人物凋敝」兩句話，就是他主要的原因。這個全然是富力上的問題。而向來不以戰鬥著名的蜀人，受諸葛亮一番訓練，居然成了「節制之師」。從此以後，蜀在大局上的關係也更形重要了。

當時還有一個占據遼東的公孫度，傳子公孫淵，於公元二三七年，為司馬懿所滅。其事情，和中原無甚關係。與高麗有關係處，詳見下篇第一章第六節。

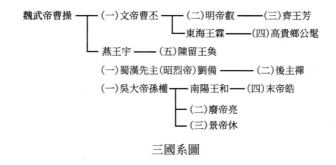

三國系圖

袁曹成敗

　　袁、曹成敗，昔人議論孔多，然皆事後附會之辭，非其實也。建安五年，曹操之東征劉備也，〈武帝紀〉曰：「諸將皆曰：『與公爭天下者袁紹也，今紹方來，而棄之東，紹乘人後，若何？』公曰：『夫劉備，人傑也，今不去，後必為患。袁紹雖有大志，而見事遲，必不動也。』郭嘉亦勸公（嘉傳無此語）。遂東擊備，破之。……公還官渡，紹卒不出。」〈紹傳〉亦云：「太祖自東征備，田豐說紹襲太祖後，紹辭以子疾，不許，豐舉杖擊地曰：『夫遭難遇之機，而以嬰兒之病失其會，惜哉！』」皆病紹之用兵，不能乘時逐利。案用兵各有形勢，輕兵掩襲，乘時逐利，與持重後進，專以摧破敵人之大軍為主旨者，各一道也。

　　紹之計，蓋為先定河北，然後蓄勢併力，以與強者爭衡。當操與呂布相持於兗州時，強敵在前，饑軍不立，欲從袁紹之說，遣家居鄴（《三國志·魏書·程昱傳》）。其勢可謂危矣，然以程昱之諫而遂止，袁紹亦不之問。其後呂布為操所敗，張邈從布走，張超猶守雍丘，臧洪以故吏之誼，欲乞兵往救。紹當是時大可存超以為牽制，而猶終不聽許，至反因此與洪構釁，誠欲專力於河北，未欲問鼎於河南也。

　　建安四年，紹既併公孫瓚，將進軍攻許，則既遣人招張繡，復與劉備連和。其明年，兩軍既相持，則有劉辟等應紹略許下，紹又使劉備助之，則紹於牽制操耳，亦不為不力矣。然

終不發大兵為之援者,許下距河北遠,多遣兵則勢不能捷,少則無益於事,徒招挫折,故紹不肯遣大兵。即操亦知其如此,度其時日,足以定備,是以敢於輕兵東騖,非真能逆億紹之昧機而不動也。

紹之南也,田豐說紹曰:「操善用兵,變化無方,眾雖少,未可輕也。今不如久持之……簡其精銳,分為奇兵,乘虛迭出,以擾河南,救右則擊其左,救左則擊其右,使敵疲於奔命,民不得安業,我未勞而彼已困,不及三年,可坐克也。今釋廟勝之策而決成敗於一戰,若不如志,悔無及也。」及兵既接,沮授又曰:「北兵雖眾,而果勁不及南;南軍穀少,而貨儲不如北;南幸於急戰,北利於緩師,宜徐持久,曠以日月。」一以兵之不逮,一以將之不及,不欲速戰,而主持久以敝敵。蓋時河北雖云凋敝,然其空乏初不如河南之甚,田豐違旨,終遭械繫,沮授之策,則紹實不可謂不用。〈紹傳〉云:「太祖與紹相持日久,百姓疲乏,多叛應紹,軍食乏。」〈武帝紀〉亦謂:操以糧少,與荀彧書,議欲還許。而紹則運穀車為徐晃、史渙所邀擊者數千乘。又使淳于瓊等五人將兵萬餘人送之,悉為操所燒,乃致大潰。則其糧儲之豐可知,使徐晃、史渙功不成,操攻瓊而之誅不啟,抑或不克濟,事之成敗,固未可知。

或傳太祖軍糧方盡,書與彧議,欲還許以引紹。彧曰:「今軍食雖少,未若楚、漢在滎陽、成皋間也。是時劉、項莫肯先退,先退者勢屈也。公以十分居一之眾,劃地而守之,扼其喉

而不得進，已半年矣。情見勢竭，必將有變，此用奇之時，不可失也。」夫楚漢相持，漢以兵多食足見長，楚兵少食盡，其勢與曹操之勢正相反，安得舉以為喻。陸遜之策劉備曰：「備是猾虜，更嘗事多，其軍始集，思慮精專，未可干也。今住已久，不得我便，兵疲意沮，計不復生，掎角此寇，正在今日。」此即荀彧所謂情見勢絀，用奇之時。徐晃、史渙之邀擊，及操之自將以攻淳于瓊，正是其事。然亦幸而獲濟耳，使紹而慮精專，此等竟不能遂，則其後之成否，固猶未可知也。然則袁紹之成敗，亦間不容髮耳。所謂還許以引紹者，即是不支而退，使其竟爾如此，而紹以大兵乘其後，曹軍之勢必土崩瓦解，不復支矣。然則紹之籌策，固亦未嘗可謂其不奏功也。

〈滿寵傳〉云：「時袁紹盛於河朔，而汝南紹之本郡，門生賓客布在諸縣，擁兵拒守。太祖憂之，以寵為汝南太守。寵募其服從者五百人，率攻下二十餘壁，誘其未降渠帥，於坐上殺十餘人，一時皆平。得戶二萬，兵二千人，令就田業。」

〈李通傳〉云：「建安初，通舉眾詣太祖於許。拜通振威中郎將，屯汝南西界。太祖討張繡，劉表遣兵以助繡，太祖軍不利。通將兵夜詣太祖，太祖得以復戰，通為先登，大破繡軍。拜裨將軍，封建功侯。分汝南二縣，以通為陽安都尉。通妻伯父犯法，朗陵長趙儼收治，致之大辟。是時殺生之柄，決於牧守，通妻子號泣以請其命。通曰：『方與曹公戮力，義不以私廢公。』嘉儼執憲不阿，與為親交。太祖與袁紹相拒於官渡。紹遣

使拜通征南將軍,劉表亦陰招之,通皆拒焉。通親戚部曲流涕曰:『今孤危獨守,以失大援,亡可立而待也,不如亟從紹。』通按劍以叱之……即斬紹使,送印綬詣太祖。又擊郡賊瞿恭、江宮、沈成等,皆破殘其眾,送其首。遂定淮、汝之地。」

〈趙儼傳〉云:「袁紹舉兵南侵,遣使招誘豫州諸郡,諸郡多受其命。唯陽安郡不動,而都尉李通急錄戶調。儼見通曰:『方今天下未集,諸郡並叛,懷附者復收其綿絹,小人樂亂,能無遺恨!且遠近多虞,不可不詳也。』通曰:『紹與大將軍相持甚急,左右郡縣背叛乃爾。若綿絹不調送,觀聽者必謂我顧望,有所須待也。』儼曰:『誠亦如君慮;然當權其輕重,小緩調,當為君釋此患。』乃書與荀彧……彧報曰:『輒白曹公,公文下郡,綿絹悉以還民。』上下歡喜,郡內遂安。」此可見操之多忠亮死節之臣,劉辟等之所以不能搖動以此也。

《後漢書·紹傳》云:紹與操相持,許攸進曰:「曹操兵少而悉師拒我,許下餘守勢必空弱,若分遣輕軍,星行掩襲,許拔則操為成禽,如其未潰,可令首尾奔命,破之必也。」夫遣騎輕則如曹仁等優足拒之矣,安得使操疲於奔命而況佟言拔許哉!

曹操之攻淳于瓊也,袁紹聞之,謂長子譚曰:「就彼攻瓊等,吾攻拔其營,彼固無所歸矣!」乃使張郃、高覽攻曹洪。此亦未為非計(《三國志·魏書·武帝紀》)。而郃謂曹分營固,攻之必不拔(《三國志·張郃傳》),其後果然,則操之備豫不虞不為不至。安得如書生談兵謂一即可襲取哉!

　　要之兩漢三國時史所傳，唯一大綱，餘皆事後附會之辭，遂一一信為事實則傎矣。《蜀志》又謂曹公北征烏丸，先主說表襲許，表不能用其說，當時又謂孫策聞公與紹相持，乃謀襲許，未發，為刺客所殺（《三國志·魏書·武帝紀》），則近於子虛烏有矣（參見本書〈孫策欲襲許〉）。

　　〈荀彧傳〉載彧論曹公較之袁紹有四勝，又曰不先取呂布，河北亦未易圖也。〈郭嘉傳〉注引《傅子》又謂嘉料紹有十敗，公（指曹操）有十勝，其所謂十敗十勝者，實與彧之辭無大異，特敷衍之，多其節目耳。又曰：嘉曰「紹方北擊公孫瓚，可因其遠征，東取呂布，不先取布，若紹為寇，布為之援，此深害也」。兩人之言有若是其如出一口者乎，其為事後附會，而非其實，審矣。然此等綜括大體之辭，較之專論一事者差為近理。要之當時之史尚係傳述之辭，多所謂某人某人之語，未必可即作其人之辭觀。然以此為其時人之見解，固無不可也。《史》、《漢》之〈留侯傳〉，《三國志》之〈荀彧傳〉均可作如是觀。

本篇選自《呂思勉遺文集》（下）（華東師範大學出版社，1997 年版，第 605 ～ 608 頁）。

論魏武帝

從古英雄，堅貞坦白，無如魏武者。予每讀《三國志》注引〈魏武故事〉所載建安十五年十二月己亥令，未嘗不愴然流涕也。

他且勿論，其曰：「合兵能多得耳，然常自損，不欲多之；所以然者，兵多意盛，與強敵爭，倘更為禍始。」自清末至民國，軍人紛紛，有一人知念此者乎？

其引齊桓、晉文及樂毅、蒙恬之事，自明不背漢，可謂語語肝鬲。且曰：「孤非徒對諸君說此也，常以語妻妾，皆令深知此意。孤謂之言：顧我萬年之後，汝曹皆當出嫁，欲令傳道我心，使他人皆知之。」以眾人之不知也，使豪傑獨抱孤忠，難以自明如此，豈不哀哉？

又曰：「然欲孤便爾委捐所典兵眾，以還執事，歸就武平侯國，實不可也。何者？誠恐己離兵，為人所禍也。既為子孫計，又己敗則國家傾危，是以不得慕虛名而處實禍。」

又曰：「前朝恩封三子為侯，固辭不受，今更欲受之，非欲復以為榮，欲以為外援，為萬安計。」從古英雄，有能如是坦白言之者乎？

夫唯無意於功名者，其功名乃真。公初僅欲作郡守，後又欲以泥水自蔽，絕賓客往來之望，雖至起兵討卓之後，猶不肯多合兵是也。唯不諱為身謀者，其為公家謀乃真。使後人處公之位，必曰所恤者國家傾危，身之受禍非所計，更不為子孫計也。然其誠否可知矣。

　　〈董昭傳〉載昭說太祖建封五等曰：「太甲、成王未必可遭，今民難化，甚於殷、周，處大臣之勢，使人以大事疑己，誠不可不重慮也。明公雖邁威德，明法術，而不定其基，為萬世計，猶未至也。定基之本，在地與人，宜稍建立，以自藩衛。」此即太祖欲受三子侯封以為外援之說，意在免禍，非有所圖；且太祖早自言之矣，何待昭之建議。

　　乃傳又載昭之言曰：「自古以來，人臣匡世，未有今日之功。有今日之功，未有久處人臣之勢者也。……明公忠節穎露，天威在顏，耿弇床下之言，朱英無妄之論，不得過耳。昭受恩非凡，不敢不陳。」後太祖遂受魏公、魏王之號，皆昭所創。〈荀彧傳〉云：建安「十七年，董昭等謂太祖宜進爵國公，九錫備物，以彰殊勛，密以諮彧。彧以為太祖本興義兵以匡朝寧國，秉忠貞之誠，守退讓之實；君子愛人以德，不宜如此。太祖由是心不能平。會征孫權，表請彧勞軍於譙，因輒留彧，以侍中光祿大夫持節，參丞相軍事。太祖軍至濡須，彧疾留壽春，以憂薨。……明年，太祖遂為魏公矣」。一似太祖之為魏公、魏王，實為篡逆之階，董昭逢之，荀彧沮之者，此則誣罔之辭矣。

　　太祖果欲代漢，易如反掌，豈待董昭之逢，亦豈荀彧所能沮？欲篡則竟篡矣，豈必有魏公、魏王以為之階？〈昭傳〉注引《獻帝春秋》，謂太祖之功，方之呂望、田單，若泰山之與丘垤，徒與列將功臣，並侯一縣，豈天下之所望？此以事言為極確，即以理論為至平，開建大國，並封諸子，使有磐石之安

宜也，於篡奪乎何與？〈或傳〉之說既全屬訛傳，即〈昭傳〉之辭，亦附會不實。然謂公忠節穎露，耿弇、朱英之謀不得過耳，則可見太祖當時守節之志甚堅，為眾人所共知，故雖附會者，亦有此語也。己亥令所言之皆實，彌可見矣。

〈郭嘉傳〉：嘉薨，太祖臨其喪，哀甚，謂荀攸等曰：「諸君年皆孤輩也，唯奉孝最少。天下事竟，欲以後事屬之，而中年夭折，命也夫！」注引《傅子》載太祖與荀彧書亦云：「欲以後事屬之。」此太祖之至心，亦即公天下之心也。然其事卒不克就，身死未幾，子遂篡奪，豈郭嘉外遂無人可屬哉？人之心思，恆為積習所囿。父死者必子繼，處不為人臣之勢，則終必至於篡奪而後已。人人之見解如此，固非一二人之力所能為也。太祖即有所屬，受其屬者，亦豈能安其位哉？然而太祖之卓然終守其志，則可謂難矣。英雄固非眾人之所能移也。

《蜀志·李嚴傳》注云：「《諸葛亮集》有嚴與亮書，勸亮宜受九錫，進爵稱王。亮答書曰：『……吾本東方下士，誤用於先帝，位極人臣，祿賜百億，今討賊未效，知己未答，而方寵齊、晉，坐自貴大，非其義也。若滅魏斬叡，帝還故居，與諸子並升，雖十命可受，況於九邪！』」如亮之言，使其為魏武帝，豈有不受九錫者哉？而李嚴當日，豈有勸亮為帝之理與？而以魏武帝之受九錫，進王封，必為篡奪之階，其誣亦可知矣。

本篇選自呂思勉著《論學集林·蒿廬論學叢稿》（上海教育出版社，1987年版，第113～115頁）。

曹嵩之死

《三國志・魏武帝本紀》興平元年云：「初，太祖父嵩，去官後還譙，董卓之亂，避難琅邪，為陶謙所害，故太祖志在復仇東伐。」《後漢書・陶謙傳》云：「初，曹操父嵩避難琅邪，時謙別將守陰平，士卒利嵩財寶，遂襲殺之。」

董卓之亂，未嘗及譙，而嵩須避難者，以太祖合兵誅卓也。嵩所避居之琅邪，蓋今山東諸城縣東南之琅邪山，而非治開陽、在今臨沂縣境之琅邪郡，僻處海隅，為耳目所不及，故可避卓購捕之難。漢陰平縣治在今江蘇沭陽縣東北，相距頗近，故為陶謙別將戍此者所害也。

《三國志》注引《世語》曰：「嵩在泰山華縣，太祖令泰山太守應劭送家詣兗州，劭兵未至，陶謙密遣數千騎掩捕。嵩家以為劭迎，不設備，謙兵至，殺太祖弟德於門中。嵩懼，穿後垣先出其妾，妾肥不時得出，嵩逃於廁，與妾俱被害，闔門皆死。」又引韋曜《吳書》曰：「太祖迎嵩，輜重百餘兩，陶謙遣都尉張闓將騎二百衛送，闓於泰山華、費間殺嵩，取財物，因奔淮南。」

案：初平四年下邳闕宣聚眾數千人，自稱天子。謙與共舉兵取泰山華、費，略任城，太祖乃征謙，則兗徐構釁，禍始泰山華、費。或又以為操與謙有不共戴天之仇，遂妄謂嵩之見殺，為在泰山華、費之間也。初平三年〈紀〉云：「袁術與紹有隙，術求援於公孫瓚，瓚使劉備屯高唐，單經屯平原，陶謙屯

發乾，以逼紹。太祖與紹會擊，皆破之。」蓋是時之相爭者，袁紹與劉表為朋，袁術與公孫瓚為伍，太祖據兗州，紹之黨也。田楷據青州，陶謙據徐州，皆瓚之與也。發乾之屯，謙既躬進兵以逼紹；泰山之略，謙又合闕宣以圖操，則自初平四年夏以前，陶謙皆攻取之師，袁紹與魏太祖僅備御之師而已。初平四年之秋，興平元年之夏，魏祖始再舉攻謙，謂之徼利之師可，謂之除害之師，亦無不可；謂之復仇則誣。嵩之死，固由謙之不能約束所部，然不能約束所部者亦多矣，究與躬行殺者有別也。

《後漢書·應劭傳》六年拜泰山太守。「興平元年，前太尉曹嵩及子德，從琅玡入太山，劭遣兵迎之，未到，而徐州牧陶謙素怨嵩子操數擊之，乃使輕騎追嵩、德，並殺之於郡界。劭畏操誅，棄郡奔冀州牧袁紹。」

《三國志·陶謙傳》注引《吳書》謂：「曹公父於泰山被殺，歸咎於謙。欲伐謙而畏其強，乃表令州郡一時罷兵。」謙被詔，上書拒命，「曹公得謙上書事，知不罷兵，乃進攻彭城」。裴松之謂：「此時天子在長安，曹公尚未秉政，罷兵之詔，不得由曹氏出。」

本篇選自《呂思勉遺文集》（下）（第 601 ～ 603 頁）。

諸葛亮南征考

　　諸葛亮之南征，《三國志》記其事甚略。〈亮傳〉注引《漢晉春秋》曰：亮至南中，所在戰捷。聞孟獲者，為夷、漢所服，募生致之。既得，使觀於營陣之間。問曰：「此軍何如？」獲對曰：「向者不知虛實，故敗。今蒙賜觀看營陣，若只如此，即定易勝耳。」亮笑，縱使更戰。七縱七禽（擒），而亮猶遣獲，獲止不去，曰：「公，天威也，南人不復反矣。」遂至滇池。南中平，皆即其渠師而用之。或以諫亮，亮曰：「若留外人，則當留兵，兵留則無所食，一不易也；加夷新傷破，父兄死喪，留外人而無兵者，必成禍患，二不易也；又夷累有廢殺之罪，自嫌釁重，若留外人，終不相信，三不易也。今吾欲使不留兵，不運糧，而綱紀粗定，夷、漢粗安故耳。」

　　〈馬謖傳〉注引〈襄陽記〉曰：亮征南中，謖送之數十里。亮曰：「雖共謀之歷年，今可更惠良規。」謖對曰：「南中恃其險遠，不服久矣。雖今日破之，明日復反耳。今公方傾國北伐，以事強賊，彼知官勢內虛，其叛亦速。若殄盡遺類，以除後患，既非仁者之情，且又不可倉卒也。夫用兵之道，攻心為上，攻城為下；心戰為上，兵戰為下；願公服其心而已。」亮納其策，赦孟獲以服南方，故終亮之世，南方不敢復反。

　　攻心攻城，心戰兵戰，後世侈為美談，其實不中情實。案當時叛者，牂牁朱褒、益州雍闓、越巂高定。

　　褒之叛在建興元年，闓、定則尚在其前（〈後主傳〉：「建興

201

元年夏，牂牁太守朱褒擁郡反。先是益州郡大姓雍闓反，流太守張裔於吳，據郡不賓。越巂夷王高定亦背叛。」據〈張裔傳〉及〈馬忠傳〉，則闓前次已殺太守正昂。〈呂凱傳〉云：「雍闓等聞先主薨於永安，驕黠恣甚。」又載亮表凱及王伉，謂其「執忠絕域，十有餘年」，則當先主之世，闓亦未嘗服從也）。闓又係為吳所誘（見《蜀志‧張裔、呂凱傳》，《吳志‧步騭、士燮傳》），其答李嚴書，辭絕桀慢（見〈呂凱傳〉），蓋其蓄叛謀久矣。其心豈倉卒可服？

〈李恢傳〉云：「為庲降都督……住平夷縣。先主薨，高定恣睢於越巂，雍闓跋扈於建寧，朱褒反叛於牂牁。丞相亮南征，先由越巂，而恢案道向建寧。諸縣大相糾合，圍恢軍於昆明。」「恢出擊，大破之。追奔逐北，南至槃江，東接牂牁，與亮聲勢相連。南土平定，恢軍功居多。」

〈呂凱傳〉：「永昌不韋人也。仕郡五官掾功曹。……（雍）闓又降於吳，吳遙署闓為永昌太守。永昌既在益州郡之西，道路壅塞，與蜀隔絕，而郡太守改易，凱與府丞蜀郡王伉，帥屬吏民，閉境拒闓。……及丞相亮南征討闓，既發在道，而闓已為高定部曲所殺。」亮至南，表以凱為雲南太守（亮平南之後，改益州郡為建寧郡。分建寧、永昌郡為雲南郡，又分建寧、牂牁為興古郡），王伉為永昌太守。

〈馬忠傳〉云：「亮入南，拜忠牂牁太守。郡丞朱褒反，叛亂之後，忠撫育恤理，甚有威惠。」

昆明種落，西至楪榆，其距越嶲，已不甚遠。亮兵自越嶲而出，至雲南附近，必已與李恢、呂凱相接。永昌本未破壞。自昆明以東，又為恢所平定，則亮之戰績，當在越嶲、雲南之間。既抵雲南，遂可安行至滇池矣。亮之行，蓋至滇池為止。自此以東，益因李恢兵勢，更遣馬忠往撫育之。

〈後主傳〉僅云：「南征四郡，四郡皆平。」〈亮傳〉亦僅云：「率眾南征，其秋悉平。」不詳述其戰績者，亮軍實無多戰事也。七縱七擒事同兒戲，其說信否，殊難質言。即謂有之，亦必在平原，非山林深阻之區。且以亮訓練節制之師，臨南夷未經大敵之眾，勝算殆可預操。

孟獲雖得眾心，實非勁敵。累戰不捷，強弱皎然，豈待七擒而後服？況攻心攻城，心戰兵戰，乃廟算預定之策，非臨機應變之方，謀之歷年，當正指此，安得待出軍之日，然後問之？馬謖亦安得遲至相送之日，然後言之乎？

〈李恢傳〉云：「軍還，南夷復叛，殺害守將。恢身往撲討，鋤盡惡類，徙其豪帥於成都，賦出叟、濮耕牛戰馬金銀犀革，充繼軍資，於時費用不乏。」此所謂軍還者，當指亮南征之軍。所謂費用不乏，亦即〈亮傳〉所謂軍資所出，國以富饒。其事相距不遠，故承其秋悉平之下終言之。則是亮軍還未幾，南夷即叛也。

〈後主傳〉：「（建興）十一年，南夷劉胄反，將軍馬忠討平之。」〈馬忠傳〉亦云：「建興十一年，南夷豪帥劉胄反，擾亂諸

郡。征庲降都督張翼還，以忠代翼，忠遂斬胄，平南土。」而據
〈張翼傳〉，則翼之為庲降都督，事在建興九年，劉胄作亂，翼
已舉兵討胄，特未破而被征。然則胄之亂尚未必在十一年；即
謂其在十一年，而亮之卒實在十二年八月，相去尚幾兩年也。

　　〈馬忠傳〉又云：「初，建寧郡殺太守正昂，縛太守張裔於
吳，故都督常駐平夷縣。至忠，乃移治味縣，處民夷之間。又
越巂郡亦久失土地，忠率將太守張嶷，開復舊郡。」〈張嶷傳〉
注引〈益都耆舊傳〉云：「忠之討胄，嶷復屬焉。戰鬥常冠軍首，
遂斬胄。平南事訖，牂牁興古獠種復反。忠令嶷領諸營往討。」
此事當在建興十一二年間，亮亦尚未卒。

　　又〈後主傳〉：延熙三年春，使越巂太守張嶷平定越巂郡。
〈張嶷傳〉云：「自丞相亮討高定之後，叟夷數反，殺太守龔祿、
焦璜。是後太守不敢之郡，只住（安定）縣，去郡八百餘里，
其郡徒有名而已。時論欲復舊郡，除嶷為越巂太守。嶷在官三
年，乃徙還故郡。定莋、臺登、卑水三縣，舊出鹽鐵及漆，而
夷徼久自固食。嶷乃率所領奪取，署長吏。郡有舊道，經旄牛
中至成都，既平且近。自旄牛絕道，已百餘年，更由安上，既
險且遠。嶷乃與旄牛夷盟誓，開通舊道，復古亭驛。」又〈霍峻
傳〉：「子弋……永昌郡夷獠，恃險不賓，數為寇害。乃以弋領
永昌太守，率偏軍討之。遂斬其豪帥，破壞邑落，郡界寧靜。」
此事在弋為太子中庶子之後，太子璿之立，事在延熙元年，則
弋之守永昌，當略與嶷之守越巂同時。然則不但終亮之世，南

方不敢復反為虛言；抑亮與李恢、呂凱等，雖竭力經營，南夷仍未大定，直至馬忠督庲降，張嶷守越巂，霍弋守永昌，然後竟其令功也。諸人者，固未嘗不竭撫育之勞，亦未聞遂釋攻戰之事，此又以見攻心心戰之策，未足專恃矣。

　　要之亮之素志，自在北方；其於南土，不過求其不為後患而止。軍國所資，已非夙望，粗安粗定，自繫本懷。一出未能殄平，原不足為亮病，必欲崇以虛辭，轉貽致譏失實矣。

本篇選自呂思勉著《論學集林・蒿廬札記》（上海教育出版社，1987 年版，第 728 ～ 731 頁）。

諸葛亮隨身衣食悉仰於官不別治生

諸葛亮自表後主曰：「成都有桑八百株，薄田十五頃，子弟衣食，自有餘饒。至於臣在外任，無別調度，隨身衣食，悉仰於官，不別治生，以長尺寸。若臣死之日，不使內有餘帛，外有贏財，以負陛下。」及卒，如其所言（見《三國志》本傳）。讀史者以為美談。

其實當時能為此者，非亮一人也。夏侯惇「性清儉，有餘財，輒以分施，不足資之於官，不治產業」。徐邈「賞賜皆散與將士，無入家者」。嘉平六年，詔與田豫並褒之（以上均見《三國志》本傳）。鄧芝「為大將軍二十餘年……身之衣食，資仰於官，不苟素儉，然終不治私產，妻子不免飢寒。死之日，家無餘財」。呂岱「在交州，歷年不餉家，妻子飢乏」。其所為皆與亮同。

陳表「家財盡於養士，死之日，妻子露立」。朱桓「愛養吏士，贍護六親，俸祿產業，皆與共分。及桓疾困，舉營憂戚」（見《三國志》本傳）。則尤有進焉者矣。

君子行不貴苟難，不以公家之財自私則可矣；祿盡於外，而妻子飢寒則過矣。要之治生自治生，廉潔自廉潔，二者各不相妨也。

袁渙「前後得賜甚多，皆散盡之，家無所儲，終不問產業，乏則取之於人，不為嗽察之行，然時人服其清」（見《三國志》本傳）。有袁渙之行則可也。無之，則有借通財之名，行貪取之

實者矣。隨身用度，悉仰於官，而無節度，亦不能保貪奢者之不恣取也。為之權衡斗斛，則並權衡斗斛而竊之，於私產之世而求清廉，終無正本之策也。是故督責之術之不可以少弛也，於財計尤然。

羊續為南陽太守，妻與子祕俱詣郡舍，續閉門不納。妻自將祕行，其資藏唯有布衾、敝祇禂、鹽麥數斛而已。顧敕祕曰：「吾自奉若此，何以資爾母乎？」使與母俱歸。劉虞「以儉素為操，冠敝不改，乃就補其穿。及遇害，瓚兵搜其內，而妻妾服羅紈，盛綺飾，時人以此疑之」（均見《後漢書》本傳）。步騭「被服居處有如儒生。然門內妻妾，服飾奢綺，頗以此見譏」（見《三國志》本傳）。夫虞與騭非必其為偽也，和洽曰：「夫立教觀俗，貴處中庸，為可繼也。今崇一概難堪之行以檢殊塗，勉而為之，必有疲瘵。」（見《三國志》本傳）儉者之家人，不必其皆好儉也。身安於儉焉，習於儉焉，勉於儉焉，皆無不可，必欲強其家人以同好，則難矣。迫其家人為一概難堪之行，以立己名，尤非真率平易者所能為。故居官者攜家室以俱行，未為失也，必欲使之絕父子之恩，忘室家之好，如世所稱妻子不入官舍者，亦非中庸之行矣。然身儉素而家人奢泰，以此累其清節者，亦非無之。妻子不入官舍，亦有時足為苟且濫取之防，以此自厲，究為賢者，較之以家自累者，則遠勝矣（《三國志》載：蔣欽，「權嘗入其堂內，母疏帳縹被，婦妾布裙。權嘆其在貴守約」。則家人能俱安於儉者，亦有之，然非可概諸人人也）。

　　治生之道，循分為難。何謂循分？曰：「耕而食，織而衣，有益於己，無害於人者是已。」然在交易既興之後則難矣。無已，其廉賈乎？然身處闤闠之中，為操奇計贏之事，而猶能不失其清者，非有道者不能，凡人未足以語此也。士大夫之家，既不能手胼足胝，躬耕耘之業，又不能持籌握算，博蠅頭之利；使為農商，必將倚勢陵人，滯財役貧矣。陳化敕子弟廢田業，絕治產，仰官廩祿，不與百姓爭利（見《三國志·吳主傳》黃武四年注引《吳書》），以此也。若其財果出於廩祿，雖治產亦何傷？所以必絕之者，正以士大夫而治生，易有妨於百姓故也。諸葛亮之不別治生，其以此歟？

　　《三國志·孫休傳》注引〈襄陽記〉言：「（李）衡每欲治家，妻輒不聽。後密遣客十人，於武陵龍陽泛洲上作宅，種甘橘千株。臨死，敕兒曰：『汝母惡我治家，故窮如是。然吾州裡有千頭木奴，不責汝衣食，歲上一匹絹，亦可足用耳。』衡亡後二十餘日，兒以白母，母曰：『此當是種甘橘也。汝家失十戶客來七八年，必汝父遣為宅。汝父恆稱太史公言，江陵干樹橘，當封君家。』吾答曰：『且人患無德義，不患不富，若貴而能貧，方好耳，用此何為？』吳末，衡甘橘成，歲得絹數千匹，家道殷足。晉咸康中，其宅址枯樹猶在。」患無德義而不憂貧，衡之妻何其賢也！然勤樹藝之利，而不剝削於人，衡之治生，亦可謂賢矣。然自吳末至咸康，五十年耳，木已枯矣，信乎樹木之利，不如樹人也。

士之能屬清節者寡矣，亂世尤甚，以法紀蕩然，便於貪取也。《三國志‧王修傳》言：袁氏政寬，在職勢者多畜聚。太祖破鄴，籍沒審配等家財物以萬數。此袁氏所由亡歟？（〈郭嘉傳〉注引《傅子》，謂嘉言紹有十敗，曹公有十勝，漢末政失於寬，紹以寬濟寬，公糾之以猛。然則紹之寬，非寬於人民，乃寬於虐民者耳。）然雖太祖，亦未能使其下皆屬廉節也。太祖為司空時，以己率下，每歲發調，使本縣平資。於時譙令平曹洪資財與公家等，太祖曰：「我家資那得如子廉耶？」（《三國志‧曹洪傳》注引《魏略》）洪之多財可知矣。諸葛瑾及其子恪並質素，雖在軍旅，身無采飾；而恪弟融，錦罽文繡，獨為奢綺。潘璋「性奢泰，末年彌甚，服物僭擬，吏兵富者，或殺取其財物。」（均見《三國志》本傳）其不法如此。然非獨武人也，曹爽等實不世之才，而卒以奢敗。魏之何夔，蜀之劉琰，吳之呂範，並以豪汰稱，而其風且傳於奕世（何曾，夔之子也）。晉治之不善，王、石等之奢汰實為之，而其風則仍諸魏末者也。以魏武帝、諸葛武侯之嚴，吳大帝之暴，而不能絕，亦難矣。

太祖父嵩之死，〈武帝紀〉注引《世語》、《吳書》，其說不同。《世語》云：「嵩在泰山華縣，太祖令泰山太守應劭送家詣兗州，劭兵未至，陶謙密遣數千騎掩捕。嵩家以為劭迎，不設備。謙兵至……闔門皆死。」《吳書》言：「太祖迎嵩，輜重百餘兩。陶謙遣都尉張闓將騎二百衛送，闓於泰山華、費間殺嵩，取財物，因奔淮南。」謙雖背道任情，謂其與闕宣合從寇鈔，似

失之誣，當以《吳書》之言為是。然無論其為謙遣騎掩捕，抑衛
送之將所為，嵩之慢藏誨盜則一也。處亂世者，可不戒歟？

　　魯肅指囷，讀史者亦久傳為美談，然亦非獨肅也。先主轉
軍廣陵海西，麋竺進奴客二千，金銀貨幣，以助軍資。於時困
匱，賴以復振，亦肅指囷之類也。知《管子》謂丁氏之粟足食三
軍之師，為不誣矣。然用財貴得其當，劉備、周瑜，皆末世好
亂之士，助之果何為哉？

本篇選自呂思勉著《論學集林·蒿廬札記》（第 731～735 頁）。

獎率三軍，臣職是當

《三國志・諸葛亮傳》：建興五年，亮率諸軍北駐漢中，臨發，上疏曰：「今南方已定，兵甲已足，當獎率三軍，北定中原。」及馬謖為張郃所破，亮還漢中，上疏請自貶曰：「《春秋》責帥，臣職是當。」《華陽國志》作「帥將三軍，職臣是當」。皆較優。《三國志》文蓋訛誤。

本篇選自呂思勉著《論林集林・蒿廬札記》（第 739 頁）。

如其不才，君可自取

　　蜀先主謂諸葛亮曰：「若嗣子可輔，輔之；如其不才，君可自取。」（《三國志‧諸葛亮傳》）世皆以為豁達大度推心置腹之言，實亦不然也。孫策臨亡，以弟權托張昭。《吳志‧張昭傳》注引《吳曆》曰：「策謂昭曰：『若仲謀不任事者，君便自取之。正復不克捷，緩步西歸，亦無所慮。』」其言與備亦何以異？董昭建議：「宜修古建封五等。」太祖曰：「建設五等者，聖人也，又非人臣所制，吾何以堪之？」昭曰：「自古以來，人臣匡世，未有今日之功；有今日之功，未有久處人臣之勢者也。」（《三國志》本傳）此乃明白曉暢之言，勢之所迫，雖聖人將奈之何哉？菁華已竭，褰裳去之，為是言易，欲行是事，不可得也。古來聖賢豪傑有蓋世之才智，卒不能自免於敗亡以此。

本篇選自呂思勉著《論學集林‧蒿廬札記》（第 739 ～ 740 頁）。

馬鈞

　　古今巧士，莫過馬鈞。然裴秀難之，曹羲復與之同，何哉？傅玄之說羲曰：馬氏所作，因變而得。是則初所言者，不皆是矣。其不皆是，因不用之，是不世之巧，無由出也。曰「因變而得」，曰「初所言者不皆是」：則鈞之所就，亦皆屢試而後成；而試之無成者，亦在所不免。度秀、羲等必以是而忽之也。此固為淺見。然自來長於巧者，多短於言。巧者之所成就，多非其所自傳，而長於言者傳之，其人不長於巧也。不知其事之曲折，不著其屢試屢易之艱苦；而但眩其成就之神奇，遂若凡有巧製，皆冥思而得，一蹴而成矣。此古來備物致用立成器以為天下利者，其事之真，所以多無傳於後也。

　　前人巧製，每多不傳於後，淺者每咎後人之不克負荷，此亦不然。凡物之能綿延不絕者，必其能有用於時者也。三國之世，諸葛亮作連弩，而馬鈞欲五倍之；鈞又欲發石車；亮又作木牛流馬；時蜀又有李譔，能致思於弓弩機械；而吳亦有張奮（奮，昭弟子，見〈昭傳〉），能造攻城大攻車。蓋時攻戰方亟，故軍械及運糧之具，相繼而興也。天下一統矣，攻戰無所復事；而運糧以當時之情形，亦無須乎木牛流馬，則其器安得而傳哉？不觀今世所謂機械者之於窮鄉僻壤乎？人力既賤，資本家斥資以購機械，其贏曾不如用人力之為多也，則機械見屏矣。

昔時巧製之不傳，不與此同理乎？故機械之發明改革，實與群治相關。徒謂機械足以改革社會，亦言之不盡也。

本篇選自《呂思勉遺文集》（下）（1997 年版，第 600 ～ 601 頁）。

關羽欲殺曹公

《華陽國志·劉先主志》：建安五年，公東征先主。先主敗績，妻子及關羽見獲。公壯羽勇銳，拜偏將軍。初，羽隨先主從公圍呂布於濮陽，時秦宜祿為布求救於張楊。羽啟公：「妻無子，下城乞納宜祿妻。」公許之。及至城門，復白。公疑其有色，自納之。後先主與公獵，羽欲予獵中殺公，先主為天下惜，不聽，故羽常懷懼。公察其神不安，使將軍張遼以情問之。羽嘆曰：「吾極知曹公待我厚，然我受劉將軍恩，誓以共死，不可背之，要當立功以報曹公。」公聞而義之。

案關羽壯士，與劉備誓共死，不肯背之，其夙心也，然其懷懼不安，則自以初求秦宜祿妻，而曹公自納之，及嘗欲殺曹公之故。

《三國志·關羽傳》於此均未敘及，則情節漏略矣。注引《蜀記》與《華陽國志》之事略同，然但言公留宜祿妻，而羽心不自安，更不言羽因欲殺曹公而懷懼，情節亦為不全。羽初欲取宜祿妻，其當懷懼，固不如嘗欲殺公之深也。唯云：「獵中，眾散，羽勸備殺公。」眾散二字，又可補常璩之闕。知古人敘事，多不甚密，欲求一事之真，非互相校勘不可也。

本篇選自呂思勉著《論學集林·蒿廬札記》（第737頁）。

李邈

　　《華陽國志・先賢士女總贊》云：李邈，守漢南，邵兄也。牧璋時，為牛鞞長，先主領牧，為從事。正旦命行酒，得進見，讓先主曰：「振威以討賊元功，未效，先寇而滅，邈以將軍之取鄙州，甚為不宜也。」先主曰：「知其不宜，何以不助之？」邈曰：「匪不敢也，力不足耳。」有司將殺之，諸葛亮為請，得免，為犍為太守、丞相參軍、安漢將軍。

　　建興六年，亮西征，馬謖在前，亮將殺之。邈諫，以為秦赦孟明，用霸西戎；楚誅子玉，再世不競。失亮意，還蜀。

　　十三年亮卒（案：亮卒在十二年）。後主素服發哀三日。邈上疏曰：「呂祿、霍禹，未必懷反叛之心，孝宣不好為殺臣之君，直以臣懼其逼，主畏其威，故奸萌生。亮身杖強兵，狼顧虎臣，五大不在邊，臣常危之。今亮殞歿，蓋宗族得全，西戎靜息，大小為慶。」後主怒，下獄誅之。

　　夫好惡之不可一久矣。今讀《三國志》，諸葛亮為朝野所好，更無異辭，此豈實錄乎？邈幾為先主所誅，亮為請得免，則於亮非有私憾，其言如此，則當時同邈所危者，必不止一人也。特莫敢以為言，若有私議，則史不傳耳。然邈則可謂直矣，縱不然其言，何至下獄誅之？後主之暗，亦可謂甚矣。豈邈素好直，怨者孔多，而借此陷之歟？君子是以知直道之不見容也。

本篇選自呂思勉著《論學集林・蒿廬札記》（第 737 ～ 738 頁）。

姜維不速救成都

《三國志‧姜維傳》：維保劍閣拒鍾會，「列營守險，會不能克。糧運縣遠，將議還歸。而鄧艾自陰平由景谷道傍入，遂破諸葛瞻於綿竹。後主請降於艾，艾前據成都。維等初聞瞻破，或聞後主欲固守成都，或聞欲東入吳，或聞欲南入建寧，於是引軍由廣漢、郪道以審虛實。尋被後主敕令，乃投戈放甲，詣會於涪軍前，將士咸怒，拔刀砍石」。《華陽國志》則謂維未知後主降，謂且固城，索與執政者不平，欲使其知衛敵之難而後逞志，乃回由巴西出郪五城。

案維當詣會之後，猶欲殺會而復蜀，其無意於降魏可知。成都雄郡，鄧艾孤軍，安知後主之遽降？維既無意降魏，豈有不捧漏沃焦，與艾爭一旦之命者？而顧遲曲其行，則常璩之言是也。王崇謂鄧艾以疲兵二萬入江油，姜維舉十萬之師，案道南歸，艾為成擒，擒艾已訖，復還拒會，則蜀之存亡，未可量也。乃回道之巴，遠至五城，使艾輕進，逕及成都，兵分家滅，己自招之。其言允矣。

故知文武不和，未有不招覆亡之禍者也；而武人偏隘，欲望其休休盡匪躬之節，難矣。

本篇選自呂思勉著《論學集林‧蒿廬札記》（第 738～739 頁），按原稿補正。

孫策欲襲許

孫策欲襲許之說，見於《三國·魏志·武帝紀》，又見於《吳志·策傳》，〈策傳〉且謂欲襲許迎漢帝。注引《江表傳》，則謂「策前西征，陳登陰遣間使，以印綬與嚴白虎餘黨，圖為後禍，以報陳瑀見破之辱（登，瑀從兄子）。策歸復討登軍到丹徒，須待運糧，見殺」，《九州春秋》及《傅子》又謂「策聞曹公將征柳城，而欲襲許」，異說紛如。

夫策見殺在建安五年，而柳城之役在十二年。《九州春秋》及《傅子》之謬，不待辨矣。孫盛《異同評》謂：「策雖威行江外，略有六郡，然黃祖乘其上流，陳登間其心腹，且深險強宗，未盡歸服，曹、袁虎爭，勢傾山海，策豈暇遠師汝、穎，而遷帝於吳、越哉？」又謂「紹以建安五年至黎陽，策以四月遇害。而《志》云策聞曹公與紹相距於官渡，謬矣。伐登之言，為有證也」。其說是也。而裴松之謂：「黃祖始被策破，魂氣未反，劉表君臣本無兼併之志……於時強宗驍帥，祖郎、嚴虎之徒，禽滅已盡，所餘山越，蓋何足慮。若使策志獲從，大權在手，淮、泗之間，所在皆可都，何必畢志江外，遷帝於揚、越哉？」又致「武帝建安四年已出屯官渡，乃策未死之前，久與袁紹交兵」，因謂策之此舉，理應先圖陳登，而不止於登，《國志》所云不謬，則誤矣。劉表、黃祖，庸或不能為策患，江南之強宗驍帥，則雖處深險之區，實為心腹之疾，策雖輕狡，豈容一無顧慮，即謂其不足為患？抑策並不知慮此。然以策之眾，

豈足與中國爭衡，即謂袁、曹相持，如鷸蚌兩不得解，策欲襲許，亦未有濟，況徒偏師相接乎？淮、泗之間，豈足自立？策之眾，視陶謙、袁術、劉備、呂布何如？若更遠都江表，則義帝之居郴耳，豈足有濟。況漢至獻帝之世，威靈久替，扶之豈足有濟？曹公之克成大業，乃由其能嚴令行，用兵如神，非真天子之虛名也。不然，因獻帝而臣伏於操者何人哉？以曹公之明，挾獻帝而猶無所用，而況於策乎？況以策之輕狡，又豈足以知此乎？

《吳志·呂範傳》云：「下邳陳瑀自號吳郡太守，住海西，與強族嚴白虎交通。策自將討虎，別遣範與徐逸攻瑀於海西，梟其大將陳牧。」而〈孫策傳〉注引《江表傳》謂：建安二年，詔「以策為騎都尉，襲爵烏程侯，領會稽太守」。又詔與領徐州牧溫侯布，及行吳郡太守安東將軍陳瑀，共討袁術。則瑀行吳郡太守，乃朝命，非自號也。傳又言，「是時陳瑀屯海西，策奉詔治嚴，當與布、瑀參同形勢。行到錢塘，瑀陰圖襲策，遣都尉萬演等密渡江，使持印傳三十餘紐與賊丹楊、宣城、涇、陵陽、始安、黟、歙諸險縣大帥祖郎、焦已，及吳郡烏程嚴白虎等，使為內應，伺策軍發，欲攻取諸郡。策覺之，遣呂範、徐逸攻瑀於海西，大破瑀，獲其吏士妻子四千人。」案：策之渡江，本為袁術，漢朝命吏，如劉繇、王朗、華歆等，無不為其所逐。是時雖有與呂布、陳瑀同討袁術之命，特權宜用之，非信其心也。有隙可乘，加以誅翦，夫固事理所宜。〈呂範傳〉注引《九

州春秋》曰：「初平三年，揚州刺史陳禕死，袁術使瑀領揚州牧。後術為曹公所敗於封丘，南人叛瑀，瑀拒之。術走陰陵，好辭以下瑀，瑀不知權，而又怯，不即攻術。術於淮北集兵向壽春，瑀懼，使其弟公琰請和於術。術執之而進，瑀走歸下邳。」然則瑀實乃心王室者。陳登之結白虎餘黨，蓋亦欲繼其從父之志，勦翦亂人，非徒為雪家門之恥也。〈張邈傳〉注引《九州春秋》言：登甚得江淮間歡心，有吞滅江南之志，孫策遣軍攻登，再敗，而遷為東城太守。孫權遂跨有江外。太祖每臨大江而嘆，恨不早用陳元龍計，而令封豕養其爪牙。則登之才，蓋非劉繇、王朗等比，而任之不專，致使大功不竟，輕狡之子，坐據江外數十年，豈不惜哉。

本篇選自《呂思勉遺文集》（下）（第 603 ～ 605 頁）。

邊章、韓遂

《後漢書‧董卓傳》云：「北宮伯玉等乃劫致金城人邊章、韓遂，使專任軍政，共殺金城太守陳懿，攻燒州郡。」注引《獻帝春秋》曰：「涼州義從宋建、王國等反，詐金城郡降，求見涼州大人故新安令邊允、從事韓約。約不見，太守陳懿勸之使往，國等便劫質約等數十人。金城亂，懿出，國等扶以到護羌營，殺之，而釋約、允等。隴西以愛憎露布，冠約、允名以為賊、州購約、允各千戶侯。約、允被購，約改為遂，允改為章。」

《三國志‧魏武紀》：建安二十年，「西平、金城諸將麴演、蔣石等共斬送韓遂首」。注引《典略》曰：「遂字文約，始與同郡邊章俱著名西州。章為督軍從事。遂奉計詣京師，何進宿聞其名，特與相見。遂說進使誅諸閹人，進不從，乃求歸。會涼州宋揚、北宮玉等反，舉章、遂為主，章尋病卒，遂為揚等所劫，不得已，遂阻兵為亂，積三十二年，至是乃死，年七十餘矣。」又引劉艾〈靈帝紀〉曰：「章，一名元。」案元疑當作允。遂字文約，亦可見其本名約。宋建亦名揚，北宮伯玉亦名玉，蓋邊郡之事，傳聞不能甚審，故名字或有異同也。

自建安二十年上溯三十二年，為靈帝中平元年，與《後書》本紀、〈董卓傳〉俱合。何進之謀誅閹人，當在靈帝崩後，而《典略》云：「遂說進誅閹人」，即傳聞不審之一證。然據《獻帝春秋》及《典略》觀之，則章、遂本不欲叛，似皆可信也。

本篇選自呂思勉著《論學集林‧蒿廬札記》（第 736 頁）。

張純之叛

《三國志‧公孫瓚傳》云：「光和中，涼州賊起，發幽州突騎三千人，假瓚都督行事傳，使將之。軍到薊中，漁陽張純誘遼西烏丸丘力居等叛，劫略薊中，自號將軍，略吏民，攻右北平、遼西屬國諸城，所至殘破。瓚將所領，追討純等有功，遷騎都尉。屬國烏丸貪至王率種人詣瓚降。遷中郎將，封都亭侯，進屯屬國，與胡相攻擊五六年。丘力居等鈔略青、徐、幽、冀，四州被其害，瓚不能御。朝議以宗正東海劉伯安既有德義，昔為幽州刺史，恩信流著，戎狄附之，若使鎮撫，可不勞眾而定，乃以劉虞為幽州牧。」案云瓚與胡相攻擊五六年，則張純之叛，不得在中平四年可知。而《後書‧靈帝紀》記純、舉之叛在是年。《後書‧烏桓傳》亦云：「中平四年前中山太守張純畔入丘力居眾中者，以舉稱天子，純稱彌天安定王」，在是年也。《後書‧瓚傳》云：「中平中，以瓚督烏桓突騎車騎將軍張溫討涼州賊，會烏桓反畔，與賊張純等攻擊薊中，瓚率所領追討純等有功，遷騎都尉。」注云：「涼州賊即邊章等。」案邊章之叛，事在中平元年。明年乃命張溫討之，下距中平四年，絕不足五六年，《後書》之說誤也。（中平二年瓚或嘗奉隨張溫討邊章之命，然張純之叛，必不在此事之後。）〈劉虞傳〉謂純、舉之叛，在涼州賊起之後，更不足信。

本篇選自呂思勉著《論學集林‧蒿廬札記》（第735頁）。

君與王之別

　　《三國志‧烏丸傳》注引《魏書》曰：「常推募勇健能理決鬥訟相侵犯者為大人，邑落各有小帥，不世繼也。數百千落自為一部，大人有所召呼，刻木為信，邑落傳行，無文字，而部眾莫敢違犯。」《後漢書‧烏桓傳》本之，而曰：「有勇健能理決鬥訟者，推為大人，無世業相繼，邑落各有小帥」云云。知《魏書》「不世繼也」句，當在「邑落各有小帥」之上，今本誤倒也。邑落小帥，君也，不可無，亦不能無。或禪或繼，各當自有成法。大人則邑落所共推，猶之朝覲訟獄之所歸也，有其人則奉之，無則闕。德盛則為眾所歸，德衰則去之。三代以前，王霸之或絕或續，一國之所以忽為諸侯所宗，忽云諸侯莫朝以此。

　　《三國志‧鮮卑傳》注引《魏書》述檀石槐事曰：「乃分其地為中東西三部。從右北平以東至遼東，接夫餘、貊為東部，二十餘邑，其大人曰彌加、闕機、素利、槐頭。從右北平以西至上谷為中部，十餘邑，其大人曰柯最、闕居、慕容等，為大帥。從上谷以西至敦煌，西接烏孫為西部，二十餘邑，其大人曰置鞬落羅、曰律推演、宴荔游等，皆為大帥，而制屬檀石槐。」此大人蓋亦邑落所共推。而《後漢書》云：「分其地為三部，各置大人主領之。」一若本無大人，而檀石槐始命之者，誤矣。《魏書》於烏丸，述其法俗甚詳，於鮮卑則甚略，以烏丸、鮮卑法俗多同，述其相異者，同者則不及也。然則鮮卑亦當數百千落乃為一部。而檀石槐三部，中部十餘邑，東西各二十餘

而已。而其大人皆非一人，則大人侔於小帥矣。檀石槐之眾，合計不過五六十落，安能稱強北邊？然則所謂十餘邑二十餘邑云者，乃其大人所治之邑，即中部有大人十餘，東西部各有二十餘耳。屬此諸大人之邑落，自在其外。此諸大人者，乃一方之主，猶之周初周、召分陝，一治周南，一治召南。太公所治，則東至於海，西至於河，南至於穆陵，北至於無棣也。其後吳、楚稱王，猶自各王其域，彼此各不相干。曰天無二日，民無二王，乃冀望之辭，非事實也。《魏書》又曰：自檀石槐死後，諸大人遂世相襲，則猶周衰而齊、晉、秦、楚不隨之而俱替耳。

《魏書》及《後漢書》所謂大人，即後世所謂可汗，檀石槐乃大可汗也。越之亡也，諸族子或為王，或為君，濱於江南海上，服朝於楚。其為王者，猶之鮮卑之諸大人；楚之君則猶檀石槐也。蒙古自成吉思汗以前，哈不勒忽圖剌皆有汗號，成吉思亦先見推為汗，後乃更見推為成吉思汗。其初稱汗也，與哈不勒忽圖剌同，猶是小可汗，後則大可汗矣。回紇諸部尊唐太宗為天可汗，則又駕於諸大可汗之上，雖其等級不同，其理則一也。

本篇選自呂思勉著《論學集林·蒿廬札記》（第 740 ～ 741 頁）。

罷社

　　《三國志·王修傳》:「年七歲喪母,母以社日亡,來歲鄰里社,修感念母,哀甚。鄰里聞之,為之罷社。」案古人甚重社,安得罷之。所謂罷社者,蓋古人恆因社以作樂,哀其念母而罷之也。此猶得「鄰有喪,舂不相,裡有殯,不巷歌」(《禮記·曲禮上》)之義。

本篇選自呂思勉著《論學集林·蒿廬札記》(第 741 ～ 742 頁)。

吞泥

　　近世饑荒時，民或吞土以求免死，俗稱之日觀音土。《三國‧吳志‧吳主傳》注引《江表傳》，言權攻李術於皖城，術閉門自守，糧食乏盡，婦女或丸泥而吞之（建安六年）。則漢世已有其事。

本篇選自呂思勉著《論學集林‧蒿廬札記》（第 742 頁）。

三國之校事

　　所謂特務，並不是近代才有的，在距今一千七百餘年前，就早已有了。《三國·魏志·高柔傳》說：「魏國初建，為尚書郎，轉拜丞相理曹掾……遷為潁川太守，復還為法曹掾。時置校事盧洪、趙達等，使察群下。柔諫曰：『設官分職，各有所司。今置校事，既非居上信下之旨；又達等數以憎愛擅作威福，宜檢治之。』太祖曰：『卿知達等，恐不如吾也。要能刺舉而辨眾事，使賢人君子為之，則不能也。昔叔孫通用群盜，良有以也。』達等後奸利發，太祖殺之，以謝於柔。」然校事之制，並未因之而廢，所以下文說：「校事劉慈等自黃初數年之間，舉吏民奸罪以萬數，柔皆請懲虛實；其餘小小掛法者，不過罰金。」

　　到嘉平中，才因程昱孫曉之言而廢，〈昱傳〉云：「時校事放橫，曉上疏曰：『……昔武皇帝大業草創，眾官未備，而軍旅勤苦，民心不安，乃有小罪，不可不察，故置校事，取其一切耳，然檢御有方，不至縱恣也。……其後漸蒙見任，復為疾病，轉相因仍，莫正其本。遂令上察宮廟，下攝眾司，官無局業，職無分限，隨意任情，唯心所適。法造於筆端，不依科詔；獄成於門下，不顧覆訊。其選官屬，以謹慎為粗疏，以譖訐為賢能。其治事，以刻暴為公嚴，以循理為怯弱。外則托天威以為聲勢，內則聚群奸以為腹心。大臣恥與分勢，含忍而不言；小人畏其鋒芒，鬱結而無告。至使尹模公於目下肆其奸慝，罪惡之著，行路皆知，纖惡之過，積年不聞。……今外有公卿、

將校，總統諸署；內有侍中、尚書，綜理萬機；司隸校尉督察京輦；御史中丞董攝宮殿；皆高選賢才以充其職，申明科詔以督其違。若此諸賢猶不足任，校事小吏，益不可信。若此諸賢各思盡忠，校事區區，亦復無益。若更高選國士以為校事，則是中丞、司隸重增一官耳。若如舊選，尹模之奸，今復發矣。進退推算，無所用之。……曹恭公遠君子，近小人，《國風》托以為刺；衛獻公捨大臣，與小臣謀，定姜謂之有罪。縱令校事有益於國，以禮義言之，尚傷大臣之心，況奸回暴露，而復不罷，是袞闕不補，迷而不返也。』於是遂罷校事官。」

魏國之建，事在漢獻帝建安廿一年，為公元二一六年，嘉平為齊王芳年號，自二四九至二五三年，魏之任校事，約歷四十年。

又《吳志·吳主傳》：赤烏元年，「初，權信任校事呂壹，壹性苛慘，用法深刻。太子登數諫，權不納，大臣由是莫敢言。後壹奸罪發露，伏誅，權引咎責躬，乃使中書郎袁禮告謝諸大將。」〈朱據傳〉：「嘉禾中，始鑄大錢，一當五百。後據部曲應受三萬緡，工王遂詐而受之，典校呂壹疑據實取，考問主者，死於杖下，據哀其無辜，厚棺斂之。壹又表據：吏為據隱，故厚其殯。權數責問據，據無以自明，藉草待罪。數月，典軍吏劉助覺，言王遂所取，權大感寤曰：『朱據見枉，況吏民乎？』乃窮治壹罪，賞助百萬。」嘉禾為權年號，自二三二至二三七年，其明年二三八，為赤烏元年。

228

　　用法之所最忌者，為於正式機關之外，別立機關；且出入任情，不本成法；程曉之言，可謂極其痛切了。魏武帝是很有明察之才的，《魏志‧方技傳》注引東阿王〈辨道論〉，說：「世有方士，吾王悉所招致，甘陵有甘始，盧江有左慈，陽城有郤儉……始等知上遇之有恆，奉不過於員吏，賞不加於無功，海島難得而遊，六戲難得而佩，終不敢進虛誕之言，出非常之語。」魏武帝的嚴明，確乎不甚容易；程曉說他檢御有方，當非虛語，然仍不能不為趙達等所欺；像孫權的粗疏，就更不必說了。

　　程曉說任校事有傷大臣之心，而呂壹之誅，孫權使告謝諸將，則魏、吳之任校事，意實在於檢察將吏的貪縱。從來喪亂之際，官方每多不飭，武臣縱恣尤甚，加以檢察實為必要。然目的雖正，而手段不適，其招禍尚如此，若如近代法西斯主義者之所為，專為維持一己的威權地位起見，不恤用殘酷之吏，肆暴虐於民，則是武曌之任周興、來俊臣，明成祖之立東廠，其作風又在魏武帝、吳大帝之下了。

　　或謂法西斯主義者流，所行雖不適當，亦非無為國為民之心，未可一筆抹殺。這話我亦承認。但須知社會國家，關係重大，手段一誤，流毒無窮，正未可以有為公之心，而冀人寬恕。昔人說：周公營洛陽為東都，說其地交通便利，有德易以興，無德易以亡。秉政者正不可無此氣度。所以不論我是該推翻的，不該過於防閒別人；即使我確能代表國利民福，反對我

者係屬搗亂之徒，我們對他，仍不宜過於壓制，因為讓他爆發一次，則其搗亂為眾所共知，即為眾所共棄，而大局也可以早入於正軌了。又況誰能代表國利民福，根本不易判定呢！

本篇選自《呂思勉遺文集》（下），按原稿補正。

山越

　　山越為患，起於靈帝建寧中。《後漢書·本紀》：建寧二年九月，丹陽山越賊圍太守陳夤，夤擊破之。至後漢之末，而其勢大盛。孫吳諸將，無不嘗有事於山越者。《三國·吳志·吳主傳》：黃武五年，置東安郡，以全琮為太守，平討山越。據琮本傳，則前此已嘗為奮威校尉，授兵數千人，以討山越矣。權徐夫人兄矯，以討平山越，拜偏將軍。孫賁、袁術嘗表領豫州刺史，轉丹陽都尉，行征虜將軍，討平山越。顧雍、孫承，為吳郡西部都尉，與諸葛恪等共平山越。黃蓋，諸山越不賓，有寇難之縣，輒用為守長，又遷丹陽都尉，抑強扶弱，山越懷附。韓當，領樂安長，山越畏服。蔣欽，嘗為討越中郎將。陳武庶子表，嘉禾三年，諸葛恪領丹陽太守，討平山越，以表領新安都尉，與恪參勢。董襲，嘗拜威越校尉。凌統父操，守永平長，平治山越。朱治，丹陽故鄣人也，年向老，思戀上風。自表屯故鄣，鎮撫山越。吾粲與呂岱討平山越。均見《吳志》本傳。徐陵子平，諸葛恪為丹陽太守，以平威重思慮，可與效力，請平為丞，見〈虞翻傳注〉引《會稽典錄》。以上皆明言其為山越者。其不明言為山越，而實與山越同者，則不可勝舉。如〈周泰傳〉云：「策入會稽，署別部司馬，授兵。權愛其為人，請以自給。策討六縣山賊，權住宣城，使士自衛，不能千人，意尚忽略，不治圍落，而山賊數千人卒至。權始得上馬，而賊鋒刃已交於左右，或斫中馬鞍，眾莫能自定。唯泰奮擊，投身衛

權，膽氣倍人，左右由泰並能就戰。賊既解散，身被十二創，良久乃甦。」〈周魴傳〉云：「賊帥董嗣負阻劫鈔，豫章、臨川並受其害。吾粲、唐咨嘗以三千兵攻守，連月不能拔。魴表乞罷兵，得以便宜從事。魴遣間諜，授以方策，誘狙殺嗣。嗣弟怖懼，詣武昌降於陸遜，乞出平地，自改為善，由是數郡無復憂惕。」〈鍾離牧傳〉云：「建安、鄱陽、新都三郡山民作亂，出牧為監軍使者，討平之。賊帥黃亂、常俱等出其部伍，以充兵役。」〈陸凱傳〉云：弟胤，「為交州刺史、安南校尉。賊帥百餘人，民五萬餘家，深幽不羈，莫不稽顙，交域清泰。就加安南將軍，復討蒼梧建陵賊，破之，前後出兵八千餘人，以充軍用。」此等雖或言賊，或言民，實與言越者無別。以其皆與越雜處，而越已為其所化也。見後。張溫、陸遜、賀齊、諸葛恪，特其尤佼佼者耳。山越所據，互會稽、吳郡、丹陽、豫章、廬陵、新都、鄱陽，幾盡江東西境。〈吳主傳〉：「策薨，以事授權。是時唯有會稽、吳郡、丹陽、豫章、廬陵，然深險之地猶未盡從。權乃分部諸將，鎮撫山越，討不從命。」〈諸葛恪傳〉：「恪求官丹陽，眾議以丹陽地勢險阻，與吳郡、會稽，新都、鄱陽四郡鄰接，周旋數千里，山谷萬重」云云。案江南本皆越地，越皆山居，故其蟠結之區，實尚不止此。特僻遠之地，不必其皆為患；即為患亦無關大局，不如此諸郡者處吳腹心之地，故史不甚及之耳。是時南北交爭，無不思藉以為用。孫策之逐袁胤也，袁術深怨之，乃陰遣間使，齎印綬與丹陽宗帥陵陽祖

郎，使激動山越，圖共攻策。見〈孫輔傳注〉引《江表傳》。太史
慈之遁蕪湖也，亡入山中，稱丹陽太守。已而進駐涇縣，立屯
府，大為山越所附。是孫策未定江東時，與之爭衡者，莫不引
山越為助也。策之將東渡也，周瑜將兵迎之。及入曲阿，走劉
繇，策眾已數萬。乃謂瑜曰：「吾以此眾取吳會、平山越已足。
卿還鎮丹陽。」孫權代策，即分部諸將，鎮撫山越，討不從命。
是孫氏未定江東時；視山越為勁敵；及其既定江東，仍兢兢以
山越為重也。不特此也，孫權訪世務於陸遜，遜建議：「山寇舊
惡，依阻深地。夫腹心未平，難以圖遠。」而權之遣張溫使蜀
也，亦曰：「若山越都除，便欲大構於丕。」其欲親征公孫淵也，
陸瑁疏諫，謂「使天誅稽於朔野，山虜乘間而起，恐非萬安之長
慮」。則當江東久定之後，仍隱然若一敵國矣。以上所引，皆見
《吳志》各本傳。無怪曹公以印綬授丹陽賊帥，使搧動山越，為
作內應也。見〈陸遜傳〉。而吳人亦即思借是以譎敵。〈周魴傳〉
云：「為鄱陽太守，被命密求山中舊族名帥為北敵所聞知者，令
譎挑曹休。」魴雖謂民帥不足仗任，事或漏洩，遣親人齎箋七條
以誘休；然其三曰：「今此郡民，雖外名降首，而故在山草，看
伺空隙，欲復為亂，為亂之日，魴命訖矣。」當時山越之強，
可以想見。宜乎張溫、陸遜、諸葛恪之徒，咸欲取其眾以強兵
也。〈遜傳〉云：部伍東三郡，強者為兵，羸者補戶，得精卒數
萬人。〈恪傳〉：自詭三年可得甲士四萬，其後歲期人數，皆如
本規。〈溫傳〉：孫權下令罪狀溫曰：「聞曹丕出自淮、泗，故

豫敕溫有急便出,而溫悉內諸將,布於深山,被命不至。」然駱
統表理溫曰:「計其送兵,以比許晏,敷之多少,溫不減之,用
之強贏,溫不下之,至於遲速,溫不後之,故得及秋冬之月,
赴有警之期。」則溫所出兵,已不為少矣。夫老弱婦女,數必
倍蓰於壯丁。遜得精卒數萬,恪得甲士四萬,則總計人數,當
各得二三十萬。然〈陳武傳〉言武庶子表,領新安都尉,與恪參
勢,在官三年,廣開降納,得兵萬餘人,則此等參佐之徒所得
之眾,又在主將所得之外。〈遜傳〉言遜建議:「克敵寧亂,非
眾不濟。」主大部伍,取其精銳,而〈周瑜傳注〉引《江表傳》,
載黃蓋欺曹公之辭曰:「用江東六郡山越之人,以當中國百萬之
眾。」則吳之用山越為兵,由來舊矣。可見所謂山越者,不徒其
人果勁,即其數亦非寡弱也。夫越之由來亦舊矣。

　乃終兩漢之世,寂寂無聞,至於漢魏之間,忽為州郡所患
苦、割據者所倚恃如此,何哉?曰:此非越之驟盛,乃皆亂
世,民依阻山谷,與越相雜耳。其所居者雖越地,其人固多華
夏也。何以言之?案《後漢書‧循吏‧衛颯傳》曰:「遷桂陽太
守。先是含洭、湞陽、曲江三縣,越之故地,武帝平之,內屬
桂陽。民居深山,濱溪谷,習其風土,不出田租。去郡遠者,
或且千里。吏事往來,輒發民乘船,名曰傳役。每一吏出,徭
及數家,百姓苦之。颯乃鑿山通道,五百餘里,列亭傳,置郵
驛,於是役省勞息,奸吏杜絕。流民稍遷,漸成聚邑,使輸租
賦,同之平民。」云「習其風土」,則其本非越人審矣。諸葛

恪之求官丹陽也,眾議以丹陽地勢險阻,「逋亡宿惡,咸共逃竄」。駱統之理張溫也,亦曰:「宿惡之民,放逸山險,則為勁寇,將置平土,則為健兵。」夫曰「逋亡」,曰「宿惡」,固皆中國人也。〈賀齊傳〉曰:「守剡長。縣吏斯從,輕俠為奸,齊欲治之,主簿諫曰:從,縣大族,山越所附,今日治之,明日寇至。齊聞大怒,便立斬從。從族黨遂相糾合,眾千餘人,舉兵攻縣。齊率吏民,開城門突擊,大破之,威震山越。」又曰:「王朗奔東冶,侯官長商升為朗起兵。策遣永寧長韓晏領南部都尉,將兵討升,以齊為永寧長。晏為升所敗,齊又代晏領都尉事。升畏齊威名,遣使乞盟。齊因告喻,為陳禍福,升遂送上印綬,出舍求降。賊帥張雅、詹強等不願升降,反共殺升。賊盛兵少,未足以討,齊住軍息兵。雅與女婿何雄爭勢兩乖,齊令越人因事交構,遂致疑隙,阻兵相圖。齊乃進討,一戰大破雅,強黨震懼,率眾出降。」夫能附中國之大族以為亂,且能交構於兩帥之間,其名為越而實非越,尤可概見。周魴被命,密求山中舊族名帥以誑曹休,則並有舊族入居山中者。蓋山深林密之地,政教及之甚難。然各地方皆有窮困之民,能勞苦力作者,此輩往往能深入險阻,與異族雜處。初必主強客弱,久則踵至者漸多,土雖瘠薄,然所占必較廣;山居既習儉樸,又交易之間,多能朘夷人以自利,則致富易而生齒日繁。又以文化程度較高,夷人或從而師長之。久之,遂不覺主客之易位。又久之,則變夷而為華矣。此三國時山越之盛,所以徒患其阻

兵，而不聞以其服左衽而言侏離為患；一徙置平地，遂無異於
齊民也。使其服左衽而言侏離，則與華夏相去甚遠，固不能為
中國益，亦不能為中國患矣。然則三國時之山越，所以能使吳
之君臣盱食者，正以其漸即於華，名為越而實非越故。前此史
志所以不之及者，以此輩本皆安分良民，蟄居深山窮谷之中，
與郡縣及齊民，干係皆少，無事可紀也。此時所以忽為郡縣患
者，則以政綱頹弛，逋逃宿惡，乘間恣行故耳。亦以世亂，阻
山險自保者多，故其眾驟盛而勢驟張也。然溯其元始，固皆勤
苦能事生產之民，荒徼之逐漸開闢，異族之漸即華風，皆此輩
之力也。

　　古書簡略，古人許多經論，往往埋沒不見，是在善讀書者
深思之。諸葛恪之求官丹陽以出山民也，眾議咸以為難。以為
「丹陽地勢險阻，與吳郡、會稽、新都、鄱陽四郡鄰接，周旋數
千里，山谷萬重，其幽邃民人，未嘗入城邑，對長吏，皆仗兵
野逸，白首於林莽。逋亡宿惡，咸共逃竄。山出銅鐵，自鑄甲
兵。俗好武習戰，高尚氣力，其升山赴險，抵突叢棘，若魚之
走淵，猨狖之騰木也。時觀間隙，出為寇盜。每致兵征伐，尋
其窟藏。其戰則蠭至，敗則鳥竄，自前世以來，不能羈也。」
即恪父瑾聞之，亦以事終不逮，嘆曰：「恪不大興吾家，將大赤
吾族也！」而恪盛陳其必捷。其後山民相攜而出，歲期人數，皆
如本規。恪為丹陽太守，討山越，事在孫權嘉禾三年八月；其
平山越事畢，北屯廬江，在六年十月。見〈權傳〉。問其方略，

則曰「移書四郡屬城長吏,令各保其疆界,明立部伍,其從化平民,悉令屯居。乃分納諸將,羅兵幽阻,但繕藩籬,不與交鋒,候其谷稼將熟,輒縱兵芟刈,使無遺種」而已。讀之,亦似平平無奇者。然以分據之兵,衛屯聚之民,當好武習戰必死之寇,至於三年,而能使將不驕惰,兵不挫衄,民不被掠;且山民當飢窮之時,必不惜出其所有,以易穀食,而恪能使「平民屯居,略無所入」;其令行禁止,豈易事哉?恪之治山越,德意或不如清世之傅鼐,其威略則有過之矣。

《後漢書‧抗徐傳》附〈度尚傳〉。曰:「試守宣城長,悉移深林遠藪椎髻鳥語之人,置於縣下。由是境內無復盜賊。」此所謂「盜賊」,即山越之流也。古人入夷狄者,大率椎髻,不足為異。云「鳥語」則必不然。果皆鳥語,安能徙置縣下。徐所徙,蓋亦華人之入越地者耳。《後漢書》措辭,徒講藻采,不顧事實,難免子玄妄飾之譏矣。

《史記‧秦始皇本紀》:三十三年,「發諸嘗逋亡人、贅婿、賈人略取陸梁地。」《正義》曰:「嶺南之人多處山陸,其性強梁,故曰陸梁。」案《爾雅‧釋地》:「高平曰陸。」而《春秋》時晉有高梁之虛,楚沈諸梁字子高,則梁亦有高義。疑「陸梁」是複語,《正義》分疏未當也。華陽之地稱梁州,蓋亦以其高而名之。《太康地記》曰:「梁州,言西方金剛之氣強梁,故名。」《爾雅‧釋地釋文》引。亦近望文生義。蜀以所處僻遠,不習戰鬥,故其風氣最弱。讀司馬相如〈喻巴蜀檄〉可知,何強梁之有?

　　亂離之世,民率保據山險,初不必百越之地而後然。特越地山谷深阻,為患尤深,而平之亦較難耳。《魏志·呂虔傳》:「領泰山太守。郡接山海,世亂,聞民人多藏竄。袁紹所置中郎將郭祖、公孫犢等數十輩,保山為寇,百姓苦之。虔將家兵到郡,開恩信,祖等黨屬皆降服,諸山中亡匿者盡出安土業。簡其強者補戰士,泰山由是遂有精兵。冠名州郡。」此所謂亡匿山中者,亦南方山越之類也。又〈杜襲傳〉:「領丞相長史,隨太祖到漢中討張魯。太祖還,拜襲駙馬都尉,留督漢中軍事。綏懷開道,百姓自樂出徙洛、鄴者,八萬餘口。」云樂出,則其初亦必亡匿山谷矣。

　　山越當三國時大致平定,然未嘗遂無遺落也。《晉書·杜預傳》:平吳還鎮,「攻破山夷」。山夷即山越也。〈陶侃傳〉:屯夏口。「時天下饑荒,山夷多斷江劫掠。侃令諸將詐作商船以誘之。劫果至,生獲數人,是西陽王羕左右。侃即遣兵逼羕,令出向賊,侃整陳於釣臺為後繼。羕縛送帳下二十人,侃斬之、自是水陸肅清,流亡者歸之盈路,侃竭資振給焉。又立夷市於郡東,大收其利。」夫至藩王左右雜處其中,且能詣郡與華人交市,其非深林遠藪、椎結鳥語之徒明矣。永嘉喪亂以來,北方人民,亦多亡匿山谷者,以其與胡人雜處也,亦稱為山胡;迄南北朝,未能大定,亦山越之類也。

　　《隋書·蘇孝慈傳》:「桂林山越相聚為亂,詔孝慈為行軍總管擊平之。」《北史》同。《唐書·裴休傳》:「父肅,貞元時為

浙東觀察使。劇賊栗鍠,誘山越為亂,陷州縣。肅引州兵破禽之,自記〈平賊〉一篇上之,德宗嘉美。」《舊唐書‧王播傳》:弟起,起子龜,咸通十四年,「轉越州刺史、浙東團練觀察使。屬徐泗之亂,江淮盜起。山越亂,攻郡,為賊所害。」又〈盧鈞傳〉:「為廣州刺史、嶺南節度使。山越服其德義,令不嚴而人化。」此等山越,未必魏晉屯聚之遺,特史襲舊名名之耳。然其與華人相雜,則前後如出一轍。《舊書》言盧鈞之刺廣州也,先是土人與蠻僚雜居,婚娶相通,吏或撓之,相誘為亂。鈞至,立法,俾華夷異處,婚娶不通;蠻人不得立田宅。由是徼外肅清,而不相犯焉。三國時之山越,乃華人入居越地,此則越人出居華境,其事殊,然其互相依倚,致成寇患則一也。一時之禁令,豈能遏兩族之交關,久而漸弛,可以推想。凡此等,皆足考民族同化之跡也。

本篇選自《呂思勉讀史札記》(上海古籍出版社,2005 年版,第 640 ~ 645 頁)。

電子書購買

國家圖書館出版品預行編目資料

三國史話：赤壁真相 × 篡位內幕 × 人物平反，
史學大師呂思勉重新詮釋紛擾的東漢末年 / 呂
思勉 著 . -- 第一版 . -- 臺北市：崧燁文化事業有
限公司 , 2023.09
面； 公分
POD 版
ISBN 978-626-357-574-5(平裝)
1.CST: 三國史 2.CST: 通俗史話
622.3 112012792

三國史話：赤壁真相 × 篡位內幕 × 人物平反，史學大師呂思勉重新詮釋紛擾的東漢末年

臉書

作　　　者：呂思勉
發 行 人：黃振庭
出 版 者：崧燁文化事業有限公司
發 行 者：崧燁文化事業有限公司
E - m a i l：sonbookservice@gmail.com
粉 絲 頁：https://www.facebook.com/sonbookss/
網　　　址：https://sonbook.net/
地　　　址：台北市中正區重慶南路一段六十一號八樓 815 室
Rm. 815, 8F., No.61, Sec. 1, Chongqing S. Rd., Zhongzheng Dist., Taipei City 100, Taiwan
電　　　話：(02) 2370-3310　　傳　　　真：(02) 2388-1990
印　　　刷：京峯數位服務有限公司
律師顧問：廣華律師事務所 張珮琦律師

-版權聲明

定　　　價：330 元
發行日期： 2023 年 09 月第一版
◎本書以 POD 印製
Design Assets from Freepik.com